한국인 CEO 수출 1호
김광로의

# 인도경영 시크릿

이 도서의 국립중앙도서관 출판시도서목록(CIP)은 e-CIP홈페이지(http://www.nl.go.kr/ecip)에서
이용하실 수 있습니다. (CIP제어번호: CIP2012000041)

한국인 CEO 수출 1호
김광로의

# 인도경영 시크릿

김광로 지음

# 지는 마음, 이기는 경영

최근 들어 한 해가 다르게 인도 사업에 대한 관심이 높아지고 있음을 실감하던 차에 현실적으로 한국 기업의 인도 진출에 도움이 되는 책을 써보면 어떠냐는 주위의 권유가 있었다. 그동안 나온 인도 관련 책들은 여행, 종교, 문화 등을 다룬 책이 대부분이어서, 나처럼 직접 인도에서 공장을 짓고 회사를 설립해 10여 년 동안 운영한 사람의 경험을 책에 담으면 인도 진출을 꿈꾸는 많은 이들에게 작으나마 도움이 될 것이라 생각했다. 따라서 이 책은 현지에서 경영을 하면서 10여 년 동안 보고 느낀 인도에서의 경영 시크릿을 체계적으로 담으려 애썼다. 인도에서 외국 기업이 어떻게 인도 직원을 움직여 시장에서 1등을 할 수 있는가를 내 경험에 비추어 말하고자 했다.

내가 한국 회사를 은퇴하고 인도 회사에서 3년 가까이 근무한 경험도 우리의 위치를, 그리고 인도를 아는 데 크게 도움이 되었다. 또한 중동의 두바이, 미국의 시카고와 뉴저지, 중남미의 파나마 그리고 독일 뒤셀도르프에서 15년간 생활하고 영업한 경험이 없었더라면 인도에서 성공하지 못했을지도 모른다. 무엇보다 여러 나라에서의 경험을 통해 나의 생각이 세계화한 것이 인도에서 성공하는 데 가장 큰 밑거름이 되지 않았나 생각한다.

많은 독자에게 유익한 책이 되도록 노력했으나 얼마나 그에 부응할 수 있을지 모르겠다. 이 책의 결론은 한 기업이 성공하기 위해서는 그 기업의 구성원을 움직이는 문화 그리고 그 조직의 철학(Credo)이 가장 중요하다는 것이다. 특히 인도에서 성공하기 위해서는 인도 문화를 이해하고 인도 사람을 존경할 수 있는 사람이어야, 그리고 그러한 문화를 가진 회사여야 한다는 것이다.

이 책의 큰 철학은 '지는 마음, 이기는 경영'이다. 지는 마음으로 어떻게 이길 수 있는가 하는 질문을 많이 받는다. 지는 마음은 겸손한 마음, 열린 마음, 다른 의견을 존중하는 마음, 원칙을 지키는 마음, 과정을 중요시하는 마음, 남의 의견을 경청하는 마음이다. 그렇기 때문에 바로 이 '지는 마음'이야말로 혁신과 창조의 원동력이라고 생각한다.

혁신(Innovation), 열린 마음(Openness), 동반자 정신(Partnership)이라는 기업 철학을 직접 만들어 '믿고 맡기는 경영(Empowerment)'의 실천을 위해 노력하신 구자홍 회장(현 LS 회장)과 인도에서의 과감한 투자와 혁신을 지원하며 독려해주신 김쌍수 부회장(전 한국전력 사장)에게 감사한다. 두 분의 용기와 혜안이 없었더라면 그 열악한 인도에 진출해서 성공하지 못했을 것이다.

이런 모든 활동의 근간을 이루는 인간 존중의 경영과 고객을 위한 가치 창조를 기업의 이념으로 삼고 그 실천을 몸소 실천해 보이신 구자경 명예회장과 구본무 회장에게 무한한 감사를 드린다. 두 회장님 밑에서 34년간 배운 인간 중심의 경영에 대한 철학이 없었다면 인도에서의 성공은 불가능했을 것이다.

끝으로, 인도에서 같이 고생한 동지 여러분에게 한없는 감사를 드린다. 그들의 눈물 어린 수고가 인도에서의 성공 신화를 만들었다.

2011년 12월

김광로

# 차례

## 제2부 현지화가 곧 세계화

# 제3부 차별화된 생산전략

# 제5부 유연한 관리와 끊임없는 혁신

# 인도에서 이기는 경영을 위한
# 27가지 시크릿

인도는 초행이었다. 1977년부터 중동의 두바이를 시작으로 미국, 독일, 중남미의 파나마 등을 거치며 외국에서 직장 생활의 대부분을 보냈지만 인도에는 여행이나 출장 한 번 갈 기회가 없었다. 독일에서 근무할 때 인구가 많은 인도가 앞으로 크게 성장할 것이라는 이야기를 동료들과 나누곤 했던 게 전부였다.

그러던 어느 날 인도로 가보지 않겠느냐는 제안을 받았다. 영감이 통했던 것이었을까. 쾌히 수락했다. 스스로도 선진국보다는 후진국에 더 맞는 체질이라고 여기고 있었다. 두바이에서 3년, 파나마에서 6년을 보내면서 후진국 시장을 개척하는 것에 더 큰 보람을 느꼈고, 거래처와의 관계도 더 인간적이었기 때문이다. 더욱이 인도 상인들과 오랫동안 비즈니스를 하면서 좋은 경험이 쌓였고, 그들에게 인간적인 존경심까지 가지고 있던 터였다.

1997년 1월 초, 인도에 처음 발을 내디뎠을 때 받은 느낌은 놀라

움 그 자체였다. 아니 충격이었다. 우선 환경이 너무 열악했다. 물, 전기, 음식 등 기본적인 생활 여건이 최악일 뿐더러 공기 오염도 극심해 호흡이 곤란할 지경이었다. 중남미의 오지라고 할 수 있는 볼리비아나 페루의 시골에도 다녀봤지만 이 정도까지는 아니었다. 외국인들에게 인도는 생존 자체가 문제가 될 수 있는, 산다는 것이 힘들수 있는 곳이라는 생각까지 들었다.

10여 년이 지난 지금은 상황이 많이 달라졌다. 생활환경이 좋아진 것은 물론이고 이제 인도는 신흥 경제대국으로 세계의 주목을 받고 있다. 2003년부터 2008년까지 연평균 경제성장률이 9%에 달했고, 금융위기로 세계 경제가 흔들리던 2009년에도 7.2%의 신장세를 보이는 등 급성장하고 있다. 장기적으로는 향후 15~20년 사이에 인도 인구의 40%에 달하는 4억 명이 중산층에 진입할 것으로 예상되고 있으며 저명한 컨설팅 회사는 인도가 2032년에는 세계 3대 경제대국으로 부상할 것으로 예측하고 있다. 어느새 인도는 무한한 기회의 나라가 되었다.

그러나 인도에 새로 부임하거나 처음 사업을 시작하는 이들에게는 지금의 인도도 아직까지는 불만일 것이다. 한국과 비교해 환경이나 여건이 여전히 불편하고 열악하기 때문이다. 인간의 욕심은 끝이 없다. 하지만 인간은 환경에 적응하기 마련이다. 아니 적응하지 않으면 살 수 없다. 그리고 어려움을 이기는 자가 승리하는 법이다.

지옥을 천국으로 만드는 것은 나 자신이다. "이 세상은 존재하지 않고 내 생각만 존재한다"라는 어느 철학자의 말처럼 '이 세상=내 생각'이다. 이 세상은 객관적으로 존재하는 것이 아니라 내가 어떻게 생각하느냐에 따라 지옥도 될 수 있고 천국도 될 수 있는 것이다.

나에게 인도는 처음에는 충격이었으나 이후에는 '알면(知) 사랑하게 되고(愛) 좋아하면 전체의 흐름을 보게(看) 된다'라는 깨달음을 준 배움의 장이었다.

이제 인도에서 이기는 경영을 위해 가장 중요하다고 생각하는 경영 시크릿을 다음 각 장을 통해 하나씩 살펴보자.

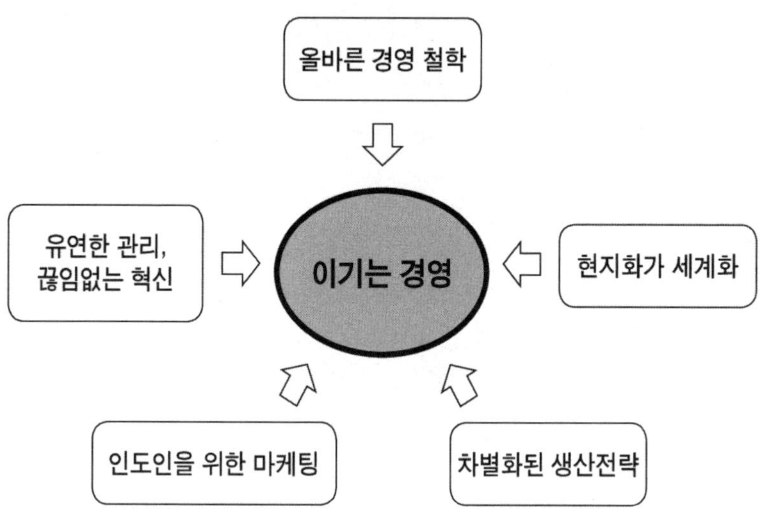

—

# 제 1 부

—

# 이기는 경영을 위한 올바른 철학

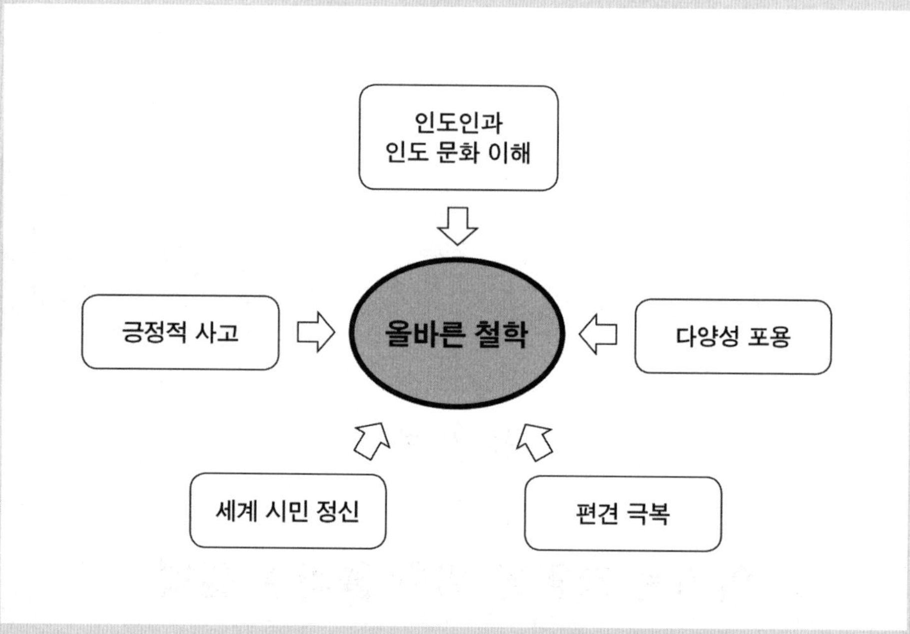
인도인과
인도 문화 이해
긍정적 사고
올바른 철학
다양성 포용
세계 시민 정신
편견 극복

# 1

# 인도인을 이해하고, 인도 문화를 사랑하라

내가 인도에서 생활하던 초기에는 슈퍼마켓이 없어 재래시장에 있는 불결한 가게에서 물건이나 음식을 사야 했다. 고기도 그나마 쉽게 구할 수 있는 것은 닭고기뿐이었고, 돼지고기나 쇠고기는 구할 수가 없었다. 돼지고기는 무슬림에게, 쇠고기는 힌두교도에게 금기 음식이기 때문이다. 그 대신 무슬림을 위한 양고기가 있었다. 냉동 시설이 미비해 생선가게 역시 발달되어 있지 않았다. 생선은 북쪽에 있는 뉴델리에서도 겨울에나 살 수 있었다. 여름철 생선 위에 파리가 까맣게 앉아 있는 것을 본 뒤로는 도저히 생선을 사 먹을 엄두가 나지 않았다.

한국 사람들은 한국이나 태국에 갔다 올 때마다 음식을 한꺼번에 몇 박스씩 사다놓고 먹었다. 그러다 보니 나중에는 상하는 것도 많고, 냉동으로 오래 보관했다가 먹으니 신선도도 떨어져 냄새가 났다. 라면이나 쌀도 냉장고에 보관하지 않으면 상해서 먹을 수가 없었다.

이런 기본적인 여건을 따지자면 인도에서 일상생활을 영위하는 것 자체가 힘들다고 생각할 수도 있다. 그러나 어느 곳이든 정을 붙이고 그곳의 좋은 점을 활용하려고 노력하면, 자기 가족과 함께 사는 그곳이 천국이 된다. 인도도 마찬가지였다.

관심을 가지고 지켜보다 보면 점차 인도 사람들의 생활방식과 사고방식을 이해하게 되고 그들의 문화를 존경하게 된다. 인도 비즈니스 성공의 첫걸음은 그들을 이해하고 그들의 문화에 애정을 갖는 것이다. 인도 사람을 무시하고 인도 생활을 지겨워하면서 성공적인 비즈니스를 기대한다면 그것은 난센스다.


## 인도 하면 떠오르는 카스트 제도

현재 인도에 카스트 제도는 법률적으로 존재하지 않는다. 오히려 이전에 신분이 낮았던 카스트를 보호하기 위한 제도가 많다. 때문에 일부에서 이를 역차별이라고 주장하며 반발하는 시위가 크게 일어난 적이 있었다. 달리트(Dalit)라고 불리는 최하위 계층인 불가촉천민(Untouchable)에게 대학 입학이나 공무원 취업 등 많은 면에서 혜택을 주는데 형편이 어려운 다른 카스트에게도 그런 특혜를 달라는 것이 시위대의 주장이었다.

　카스트 제도가 회사 운영에까지 영향을 주는 경우는 없었다. 오히려 도움이 된 기억은 있다. 인도 북동부에 있는 아쌈(Assam) 주의 구와하티(Guwahati)에 재고를 가지고 판매, 수금, 서비스를 독자적으로 하는 지점이 있었다. 이곳은 독립을 주장하는 분리주의자들의 무장 활동이 활발해 낮과 밤의 두 정부가 있다고 할 만큼 치안이 불안한 지역인데, 이곳의 지점장이 바로 카스트의 가장 높은 계층인 사제, 즉 브라만(Brahman) 출신이었다. 지점장의 이런 신분 때문인지 구와하티 지점이 그곳에서 비교적 안전하다는 이야기를 들었다. 물론 그가 지역 사회에서 좋은 평판을 유지하고 있었기 때문이었겠지만 무장 반군도 브라만 출신은 은연중에 달리 보는 것 같았다.

　직원을 새로 뽑을 때나 사내에서 직원을 평가할 때 카스트가 문제되거나 화제가 된 일도 없었다. 그러나 그들 스스로 어떤 계층에 속해 있고, 그래서 결혼할 때 여자가 얼마를 가져와야 하는지 지나가는 말로 하는 것을 들은 적은 있다. 카스트는 여전히 그들의 의식 속에 뿌리 깊이 남아 있는 것이다.

　언론을 통해서도 인도 사회 곳곳에 카스트 제도에서 비롯된 나쁜 관행이나 편견이 살아 있다는 사실을 확인할 때가 있었다. 지리적으로 인도의 최중심부에 있는 도시 나그푸르(Nagpur)에서 조금 떨어진 농촌에서 끔찍한 살인 사건이 일어난 적이 있었다. 동네에서 가장 낮은 계급에 속하는 사람이 농사를 잘 지어 돈을 많이 벌었고, 그 돈으로 자식들 공부도 잘 시켰는데 마을 사람들이 이를 질투해서 집단으로 습격해 아이들을 전부 죽여 버린 것이다. 뿌리 깊은 카스트 문화가 야기한 참혹한 사건이었다.

카스트 제도와는 또 다른 악습이 다우리(Dowry)라는 신부 지참금 문화다. 신부가 결혼의 대가로 신랑의 집에 지참금을 줘야 하는 관습인데, 이로 인해 비극이 많이 일어난다. 우리 회사에도 이런 사례가 있었다. 경리과에 근무했던 직원의 부인이 자살했는데 그녀가 남긴 유서에는 지참금을 적게 가져간 탓에 남편과 시댁으로부터 받은 수모와 고통이 담겨 있었다. 결국 그 직원은 결혼 지참금 강요를 금지하는 법을 위반한 죄로 교도소에 갔다.

인도 정부는 이런 악습이나 나쁜 관행을 없애기 위한 제도를 마련해 인도 사회도 서서히 변하고 있다. 하위 계급 사람이 장사로 돈을 많이 벌어 엄청난 자본가로 올라서는가 하면 카스트의 상위 계급이지만 돈이 없어 청소로 연명하는 경우도 있다. 정치적으로는 불가촉천민 출신의 코체릴 라만 나라야난이 1997년에 대통령으로 뽑힌 바 있고, 2009년에는 메이라 쿠마르 의원이 인도 역사상 처음으로 불가촉천민 출신의 여성 하원의장으로 선출되기도 했다.

우리나라에도 양반, 평민, 노비 등 엄격한 반상의 구별과 '사농공상'으로 이야기되었던 직업의 귀천에 따른 차별이 존재했다. 그러나 역설적이게도 일제 강제병합 36년과 6·25전쟁이라는 역사의 단절을 통해 이런 악습이 없어졌다. 반면 인도는 그런 기회가 없었다. 오랫동안 영국의 식민지로 있었으나 영국은 인도 문화를 말살하려 하지 않았다. 마하라자(Maharaja)라고 불리는 지방 군주를 인정해주고 그들을 통한 간접 통치를 했기 때문에 인도의 좋은 문화는 물론 나쁜 관습까지 그대로 유지되었다. 6·25전쟁 같은, 온 나라가 화염에 휩싸이는 비극도 없었다. 달리 생각하면 우리에게 6·25전쟁은 뼈아픈 시련이었지만 봉건적인 신분제도나 나쁜 관습을 타파할 수 있었던 기회였다. '신은 시련만 주지 않고, 그 시련을 이기는 자에게는 복도 준다'라는 뜻의 '화복(禍福)이 동문(同門)'이라는 노장사상의 한 대목이 떠오른다.

법으로는 금지되었으나 인도 사회 깊은 곳에서 여전히 살아 꿈틀거리는 카스트 제도, 신부 지참금 등과 같은 악습이 완전히 사라지기 위해서는 많은 세월이 소요될 것이다. 그래도 인도는 엄정한 법이 작동하면서 착실하게 앞으로 나아가고 있다.


## 종교가 회사에 미치는 영향

인도인의 80.5%는 힌두교도이고 약 14%가 이슬람교, 2~3%는 그리스도교, 2% 정도는 힌두교의 개혁파인 시크교를 믿는다. 때때로 힌두교도와 무슬림 간에 유혈참사가 일어나기도 하지만 회사에서 종교가 문제된 경우는 없었다.

그렇지만 주의해야 할 게 있다. 비록 소수지만 무슬림이나 기타 종교가 차별대우를 받는다는 느낌을 주는 행동이나 결정은 절대 금물이라는 것이다. 뉴델리 북쪽에 있는 하리아나(Haryana) 주의 작은 도시에서 영업소와 대리점 간에 분쟁이 있었다. 영업 소장이 나름대로의 이유로 대리점에 물건 공급을 중단했고, 대리점 주인은 3~4시간이나 걸리는 공장까지 나를 찾아와 이런 영업 소장의 처사가 부당하다고 호소했다. 양쪽을 중재해서 겨우 거래를 재개했는데 얼마 지나지 않아 다시 문제가 생겼다. 하는 수 없이 영업 소장을 바꾸려고 했지만 주위에서 말렸다. 영업 소장이 무슬림이라 힌두교도인 대리점 편을 든다는 인상을 줄 수 있다는 것이었다. 그러면 심각한 문제를 불러일으킬 수 있다고 했다. 보이지 않는 많은 눈들이 주시하고 있었고, 무시해서는 안 되는 것들이었다.

마케팅 차원에서 종교를 활용하는 수는 있다. 상품 디자인 같은 경우인데, 녹색은 이슬람을 상징하는 색상이어서 실제 무슬림이 많이 사는 지역에는 이런 녹색을 사용한 제품이 많이 팔린다.


## 종교를 이해하면 사람이 보인다


인도는 '명상의 나라', '사색의 나라'다. 이런 나라에 살고 있다는 사실을 선명하게 실감한 기억이 있다. 뉴델리의 겨울은 11월부터 2월까지로 낮에는 15℃ 정도인데 새벽에는 5℃까지 내려간다. 우리 기준으로 보면 겨울이라고 하기는 좀 그렇지만 인도에서 느끼는 계절 감각은 또 다르다. 밤에 잘 때는 전기담요가 필요하고, 새벽 산책을 나갈 때는 목도리를 둘러야 한다. 이런 겨울 어느 날, 하루도 거르지 않고 강아지와 함께 새벽 5시에 나섰던 산책길. 칠흑같이 깜깜했다. 집 지키는 경비원들도 잠에 빠져 있을 시간이었다. 이 때 20여 명의 사람들이 악기 연주에 맞춰 조용하게 노래를 하면서 사원으로 향하고 있었다. 새벽 기도를 하러 신전으로 가는 길이었다. 옷깃을 여미게 하는 경건한 분위기의 이 모습은 지금도 머릿속에 아름답게 남아 있다.

인도는 종교의 나라다. 일상 속에 스며들어 있는 종교적인 색채를 곳곳에서 느낄 수 있다. 전자 소매상 가게를 가보면 주인 의자 뒤쪽 높은 곳에 돌아가신 부모님 사진이나 가족 수호신의 사진을 걸어 놓고, 그곳에 조그마한 제단을 만들어 향불을 피운 모습을 볼 수 있다. 심지어 버스 운전대 앞에도 제단을 마련해두고 향을 피운다. 이런 신앙과 믿음으로 어려운 하루하루를 인내하면서, 그 속에서 작은 위안과 안식을 찾는 것 같았다. 회사에서 매주 토요일 점심 때 피자 미팅을 했는데 한두 명은 단식 중이라고 피자를 먹지 않았다. 많은 직원들이 규칙적으로 단식했다. 종교적인 단식이었다. 물질만능주의가 팽배한 복잡한 현대를 살아가면서 무언가 깨어 있는 삶, 다른 삶을 영위하려고 노력하는 모습으로 보여 부러울 때가 많았다.

인도인의 60%가 채식주의자라는 것도 종교 문화에서 비롯되는 흥미로운 사실이었다. 처음에는 큰 의미를 두지 않았으나 점차 그들이 갖고 있는 생명에 대한 태도와 식생활에 호감을 갖게 되었다. 아프리카 케냐에 사파리 관광을 갔을 때의 기억이다. 초식 동물끼리는 평화롭게 공존하는데 육식 동물만 나타나면 순식간에 평화가 무너졌다. 그것을 보면서 언제쯤이면 인간이 현재의 식습관을 바꿔 육류

섭취를 반으로 줄일 수 있을까, 그래서 덜 공격적이고 좀 더 참을성 있는 종(種)으로 바뀔 수 있을까 하는 생각을 했다. 완전한 채식주의자가 되는 것까지는 어렵더라도 지금보다 고기 먹는 횟수나 양을 줄여야겠다는 생각을 하고 있다.

부처와 예수의 삶을 비교해보면 인도 문화의 또 다른 특성을 발견할 수 있다. 왕족 출신인 부처는 득도한 뒤 자유롭게 설법하다 80세가 넘어 자연사했다. 반면 예수는 어려운 가정에서 태어나 불과 3년여 전도하다 사형 당하는 극적인 삶을 살았다. 그 당시 인도와 이스라엘 사회의 포용력의 차이를 엿볼 수 있는 것이다. 나아가 힌두교와 유대교의 포용력까지 비교해볼 수 있겠다. 힌두교와 불교의 큰 울타리가 같다고 보면 인도인들이 많이 믿는 힌두교를 보다 쉽게 이해할 수 있다.


## 숫자에 강하고 철학적인 인도인

인도인은 숫자에 강하고 논리적이며 이론적이다. 인도는 아라비아 숫자 영(0, zero)과 소수점의 개념을 처음 인식한 나라다. 유럽보다 600년 앞서 피타고라스의 정리를 설명한 수학의 나라이기도 하다. 인도인의 종교적·철학적 성향이 보이지 않는 개념을 설정하고, 설명하는 능력을 키웠을 것이다. 말하는 것에서도 이런 면모를 확인할 수 있다. 국제회의에서 인도인들은 항상 많은 시간을 독차지한다는 얘기를 들을 만큼 말을 잘한다고 한다. 상상력과 논리가 필요한 마케팅에 빼어난 능력을 보이는 것도 이런 이유 때문일 것이다. 인도의 유명한 관광지 가운데 하나인 바라나시(Varanasi)를 찾았을 때 가이드는 인도의 신을 설명하면서 이런 말을 했다. "수많은 신들의 위에 있는 것은 절대자(Almighty) 또는 무(Nothing)입니다." 간결하지만 정곡을 찌르는 듯했다. 절대자와 무를 동일시하는 사고는 문득 노자가 도덕경에서 이야기한 도(道)를 떠오르게 한다. 인도인의 깊은 사고력을 헤아릴 수 있었다.


## 자존심이 강하나 유연한 인도인


인도인은 자존심이 강하다. 이 때문에 사소하게 여긴 일이 심각한 영향을 주기도 한다. 일례로 저녁 모임 초청이 중요한 영업 수단이 되는 경우도 있다. 인도 북동쪽에 있는 콜카타(Kolkata)를 방문했을 때, 그 지역의 대리점 대표들을 초청해 호텔에서 푸짐한 만찬을 대접한 적이 있었다. 그런데 그곳에서 큰 대리점을 운영하는 대표가 다음 날 아침 일찍 아들과 함께 찾아와 강하게 불만을 토로했다. 왜 자신은 만찬에 초대하지 않았느냐는 것이다. 이 부자는 그들 사회에서 무시당한 것으로 생각했다. 사실 현지 지사장은 이들을 자극하기 위해 일부러 부르지 않았고, 나는 지사장의 결정을 존중하고 이해했다. 하지만 예의상 이들에게 사과하고 앞으로는 서로 관계를 잘 유지하도록 노력하자며 달래서 보냈다. 자극을 준다는 면에서는 성공한 것 같았다. 그 이후 이들이 불의의 화재로 어려움에 처했을 때 신용 거래를 확대해주는 등 많이 도와주었다.

의외로 인도인의 유연한 면모를 볼 수 있는 경우도 많다. 간디가 태어난 구자라트(Gujarat) 주에서는 금주가 원칙이다. 그런데 공식 모임이 끝난 후에는 옆방에서 자연스럽게 술을 마시는 융통성을 보였다. 전체적으로 보면 보수적이고 딱딱한 것 같아도 한명 한명씩 개인적으로 만나보면 솔직하고 검소한, 그리고 친근감이 가는 시골 아저씨들이었다.

수도 뉴델리(New Delhi)에 있는 유명 사립학교가 인도 각지에 분교를 세워 운영하는 것은 융통성의 또 다른 면이다. 학교를 일종의 가맹점 형식(Franchise)으로 운영하는 것이다. 인도에서 가장 유명한 공과대학인 IIT(Indian Institute of Technology)가 인도 여러 도시에 같은 이름의 학교를 설립해 운영하는 것도 같은 맥락이다. 서울대를 부산, 대구 등 몇 개 도시에 만드는 것과 같다.

인도 여군을 유엔 평화유지군으로 아프리카 라이베리아에 파견했다는 소식도 눈길을 끌었다. 이들 인도 여군은 전투병으로 갔다. 보수적이면서 뒤에서 조용히 숨어 지내는 것 같은 인도 여성도 전투병으로 변할 수 있는 것이다. 라이베리아에서 남자 군인들이 강간 등 여성 인권을 유린하는 사례가 많이 발생해 이를 해결하기 위한 방안이었는데, 효과적이었다고 한다.

## 논쟁은 활발하나 뒤끝 없는 인도인

인도 직원들이 한국 직원들과 다르다고 느낀 점 가운데 하나는 업무와 개인감정을 철저하게 구별하는 것이다. 회의할 때 싸울 듯이 격론을 벌이고도 회의가 끝나면 언제 그랬냐는 듯이 아무 일 없이 지낸다. 영업 담당과 생산 담당이 텔레비전 생산과 납기 문제의 책임소재를 두고 한바탕 논쟁을 벌인 일이 있었다. 서로 잘못이 없다는 것이었다. 한국 회사였으면 서로 원수지간이 되지 않을까 우려될 정도였으나 이들은 논쟁이 끝나자 이전처럼 잘 지냈다. 신기하기도 하고 부럽기도 했다. 우리는 공개석상에서 토론하는 일에 익숙지 못하다. 여러 가지 의견이 있을 수 있다는 사실을 쉽게 받아들이지 못하는 탓이다.

나는 회의할 때면 중립을 지키면서 인도 직원들 간의 토론을 유도하는 편이다. 그러면 이들은 너무 활발하게 토론하느라 시간이 길어지는 게 문제지 우리처럼 자기 의견을 잘 밝히지 않는 모습은 없었다. 때때로 의견이 중구난방으로 엇갈려 시간이 너무 지체되면 나 없이 별도 회의를 가진 뒤에 정리해서 다음날 결과를 발표하도록 했다. 인도 직원들의 장점을 살리려 했고 내부 토론과 합의가 중요하다고 생각했기 때문이다.

매주 한 차례씩 가졌던 점심 미팅에서도 윗사람 눈치를 보지 않고 거리낌 없이 자기 의견을 밝히는 인도인의 성향을 확인할 수 있었다. 한국 파견직원에 따르면 한국 직원들은 사전에 미팅에서 할 이야기의 내용과 수위 등을 인도 직원들과 논의한다고 했다. 최고 책임자인 나를 비롯해 높은 사람들과 함께 하는 자리인지라 어느 정도 사전 조율을 할 필요가 있다고 생각하는 듯했다. 하지만 막상 미팅에 들어가면 미리 이야기해둔 것들이 소용없다고 한다. 인도 직원들은 상의한 내용에 개의치 않고 자유롭게 그들의 생각을 말한다는 것이었다. 한국 직원들이야 당혹스러웠겠지만 인도 직원들은 속마음을 감추지 않고 그대로 나타냈다. 그것이 오히려 경영에 도움이 되었다.

인도 직원들이 자율성을 발휘할 수 있는 분위기를 만들어주면서 이득도 많았다. 인도 진출 초기에 한국에서 파견 나온 경리 및 금융 담당 부사장(Chief Financial Officer)이 맡았던 회사 영업 관련 조정업무를 그가 떠난 뒤 인도인 기획 담당 관리자(Corporate Planning Manager)에게 맡겼다. 인도 직원들끼리 토론해서 결정하면 더 효과적일 것으로 생각했기 때문이다. 또 한국인이 없는 회의에서 인도인들이 좀 더 자유롭게 토론하지 않을까 기대하기도 했다. 아주 성공적이었고 시사점도 많았다.

# 2

# 인도의 다양성을 포용하라

『논어(論語)』의 「술이편(述而篇)」에 '삼인행필유아사(三人行必有我師)'라는 말이 나온다. 세 사람이 같이 가면 그중에 반드시 나의 스승이 있다는 뜻으로, 어디서라도 자신이 본받을 만한 것은 있다는 것이다. 우리가, 특히 우리보다 어렵게 사는 나라를 두고 무조건 무시하고 배울 점이 없는 것처럼 생각하는 것은 지극히 잘못된 일이다. 환경이 열악하고 경제 수준이 낮다 해도 인도는 4대 문명의 발상지 가운데 하나다. 가장 많은 사람이 민주주의를 누리는 나라이기도 하다.

인도인을 상대하다 보면 우리보다 성숙하다고 느낄 때가 많다. 비슷한 또래의 한국 직원보다 생각이 깊고 아는 것도 많다. 비즈니스 감각도 뛰어나다. 태어날 때부터 세계화에 친숙한 것이 아닌가 생각할 때도 있다. 인도인의 이런 특성이 어디에서 비롯되는지 생각해보면 인도만의 독특한 다양성, 다문화를 먼저 떠올릴 수 있다. 인도를 이해하고 배울 점을 찾는 일은 인도의 다양성을 잘 파악하는 데서 시작한다.

인도의 다양성은 우선 언어에서 찾을 수 있다. 힌두어 외 14개의 공용어와 상용어인 영어가 있고, 100루피 지폐 뒷면에는 15개 언어를 병기하고 있다. 중국은 말은 달라도 글자는 같지만 인도는 글자마저 다르다. 국회의사당에도 통역시설이 있다. 국회의원 간에 사용하는 언어가 달라 의사가 통하지 않기 때문이다. 인간은 생각하는 동물이고 사고의 표현이 언어라고 한다면 인간은 언어의 울타리에서 벗어나지 못한다. 다양한 언어를 갖고 있는 인도인의 사고의 울타리는 우리와 차원을 달리하지 않을까.

## 네 가지 언어를 구사하며 살아가는 대리점 주인 가족

평범한 인도인도 몇 개의 언어를 구사한다. 집에서는 그 지방 언어를 쓰고, 타 지방 사람과는 영어나 힌디어로 소통하며 무슬림이면 아랍어를 할 줄 아는 식이다. 분쟁지역인 카슈미르 주의 주도 스리나가르(Srinagar)에서 대리점을 운영하는 주인과 가족이 그랬다. 주인은 무슬림이라 이슬람 사원인 모스크에서는 코란의 언어인 아랍어를 사용하고, 자녀들은 학교에서 과학과 수학을 영어로 공부했다. 국어는 힌두어를 배웠다. 또 동네 사람들과는 그 지방 언어인 카슈미리를 사용했다. 이들은 네 가지 언어를 배우고 구사하면서 살아가는 것이었다. 그리고 대개는 이웃 지역의 언어 하나 정도는 더 구사할 수 있었다.

인도는 인도아리아족, 드라비디아족, 몽골족 등 인종도 다양하다. 피부가 아주 검은 사람부터 백인에 가까운 사람까지 서로 섞여 함께 살아가고 있다. 수십 마리의 뱀과 한 방에서 같이 지내는 부족이 있는가 하면, 아직도 문명을 거부하며 깊은 오지에서 원시 상태로 사는 부족도 있다.

또 인도는 쿠데타 한 번 일어나지 않은 세계 최대의 민주주의 국가다. 다양한 정당들이 다양한 목소리를 낸다. 국회에 진출한 정당이 39개나 되니 기타 지방에서 활동하는 지역 정당은 더 많을 것이다. 인구가 한국의 24배나 되는 것을 감안하면 많지 않은 것일 수도 있으나 이 39개 정당이 서로 합종연횡하면서 11억 인구를 태운 무거운 수레바퀴를 사고 없이 굴려가고 있다.

국회에서 총리 불신임안을 표결하는 장면이 TV로 생중계된 적이 있는데 우리와는 분위기가 달랐다. 그날 표결 직전 국회의사당 앞에서는 현금 뇌물수수 사건을 폭로하고 이를 규탄하는 시위가 벌어지는 등 분위기가 뒤숭숭했고, 표결 중에는 의원 10여 명이 실수로 타이밍을 놓쳐 전자버튼을 누르지 못하는 해프닝도 있었다. 더욱이 사안은 양측이 극단적으로 부딪힐 수밖에 없는 성격이었다. 하지만 표결은 순조롭게 진행되었고, 결과가 나온 뒤에는 마치 아무 일도 없었던 것처럼 악수를 나누고 일상으로 돌아갔다. 아주 인상적이었다.

민주주의는 다양성을 수용하는 태도가 전제되어야 가능하다. 나만 절대적으로 옳다는 사람은 독재 국가 시민의 소질을 가진 것이다. 모든 것을 수용하는 힌두교 사상이 인도의 민주주의를 뿌리 내리게 한 것이 아닐까.

인도에서는 다양한 가치가 공존하고 있다. 공산당이 공식 정당으로 활동하며 연립정권에 참여한 일도 있다. 요즘도 준동하는 마오이스트(Maoist) 반군 활동을 인도 정부가 어떻게 대처하는지 관심을 가지고 지켜보는데, 인도 정부는 몇 개 주(state)의 산악지대에서 무장 폭력 등의 방법으로 극렬하게 저항하는 반군들에게 극단적인 무력 대응을 하지 않는다. 무엇보다 공중 폭격을 금하고 있다. 경찰 헬기가 반군들의 총격을 받고 추락하면서도 보복 공격을 하지 못하게 되어 있다. 여기에는 자칫 양민을 학살할 수 있는 사태를 피하고, 비록 반군이지만 결국은 함께 살아야 할 국민들인 이들을 끝까지 설득해보겠다는 뜻이 담겨 있다. 반군도 적이 아니라 돌아와야 할 국민으로 대하는 것이다. 인도의 여론도 마오이스트들을 이념을 달리하는 적대세력이 아니라 가난에 시달리다 못해 폭력 집단으로 변해 저항하는 것으로 여기고 근본적으로 이들에게 삶의 터전을 만들어줘야 하는 게 아니냐는 쪽으로 형성되어 있다.

법적으로는 인정되지 않지만 카스트 제도는 이로 인한 살인 사건이 발생하는 등 끊임없는 말썽을 낳고 있다. 하지만 살인 사건이 난

바로 옆 동네에서는 상위 계급이 주류를 이루고 있음에도 불구하고, 최하위 계급인 불가촉천민 출신의 인사를 대표로 선출하는 곳이 인도이기도 하다. 현재 인도에서 가장 큰 주의 선출직 총리도 최하위 계급 출신이다. 인도 사회는 느리고 무겁지만, 서서히 밝은 미래를 향해 굴러가고 있다.


## 인도의 다문화, 그리고 한국인


이처럼 다양한 사회에서 나고 자란 인도 직원, 기업 활동을 해온 인도 업체와 함께 10여 년을 같이 일하다보니 그들만의 특징을 느끼게 된다.

우선 인도인은 현실 순응적이면서 생각은 긍정적이다. 어떤 일을 하고자 할 때 동참하는 자세가 우리보다 훨씬 적극적이다. 이런 인도인을 두고 한국인들은 느리다고 불평하는데 내 생각은 다르다. 인도인이 느린 것이 아니라 한국인이 지나치게 압박하거나 결과를 재촉하는 것이다. 한국인들은 '빨리 빨리'라는 강박관념에 빠져 한 치의 여유도 없는 '경쟁 사회', '경쟁 문화'에 시달리고 있다. 하지만 빠르다고 성공하는 것은 절대 아니다. 회사에서의 성과도 미리미리 준비해서 차근차근 실행하는 사람이 낫다. 보통 한국인은 늦게 시작해서 제 시간에 끝내려 한다. 아니 먼저 끝내려고 한다. 죽음에 이르는 첩경이다. 남보다 일찍 시작해서 조금 빨리 끝내면 좋다. 여유 없는 계획은 실패한다. 여유를 가져야 좋은 결과를 얻을 수 있다.

인도인은 생각을 다양하게 한다. 인도인이 우리와 다르게 생각하는 것은 당연하다. 나는 이런 인도인의 생각을 존중하고 경청했다. 내 생각보다 좋을 때가 많았다. 윽박지르면 있던 생각도 달아난다. 닫힌 마음, 부정적인 생각을 갖고 있으면, 상대방의 다른 생각은 거부로 받아들이게 된다. 그리고는 인도인이 말만 많고 행동은 안 한다고 한다. 상대방의 이야기를 들어주고 그들의 좋은 아이디어를 채택하면 그들의 행동이 느릴 수 없다. 나는 인도인들의 좋은 생각을 적극 지지해줬고 그들도 회사 일을 자기 일처럼 빨리 해냈다.

인도인은 토론 문화에 강하다. 앞에서 언급했지만 회의를 하다보면 인도인은 상하좌우를 가리지 않고 다른 생각도 잘 말한다. 회의 때 상대방이 기분 나쁠 만한 이야기를 잘 하지 않는 우리와 비교된다. 이것도 다양성 문화의 일부다. 사실 영원히 맞고 틀린 게 있을까. 정답은 다양할 수밖에 없지 않을까. 적과 아군이라는 구별도 불분명하다. 모든 것은 변한다. 인도 국회에 '공중부양'하는 국회의원이 없고, 회사에서 회의가 끝난 뒤에는 서로 얼굴을 붉히지 않는 것도 이런 사고가 인도인에게 내면화되어 있기 때문이 아닐까.

다양성, 다문화는 일관생산, 대량생산 시대에는 맞지 않을 수 있다. 그러나 창의적인 사고가 요구되는 21세기에는 훨씬 유리한 문화가 될 수 있다. IT 소프트웨어 분야나 컨설팅업계에서 인도인이 세계적으로 재능을 발휘하는 것은 이런 사회문화적 배경 때문일 것이다.

# 3

# 편견을 극복하라

인도인과 한국인은 다른 점
이 많다. 한국은 인도의 15분의 1 정도 되는 작은 나라다. 하지만 이
런 규모보다 다양성에서 더 큰 차이가 난다. 복잡하고 다양한 문화
속에 살아가는 사람과 단일 민족에 단일 언어를 쓰는 문화 속에서 사
는 사람 간의 차이다. 복잡하고 다양한 문화 속에 사는 사람은 무엇
이든 쉬운 것이 없다는 것을 잘 알고 생각이 많다. 생각이 많으니 행
동은 느리고 조심스럽다. 또 생각이 많으니 세계 4대 종교 가운데 힌
두교와 불교가 탄생한 것이다. 모든 것이 흑백이 아닌 회색일 수 있
다고 받아들이는 포용성(Accommodative)이 있다. 또 인도인은 나면서
부터 종교와 신분이 결정되다보니 숙명적·운명적이 되고, 모든 것을
인내하고 받아들임으로써 마음의 평안을 얻는 것 같다.

이런 바탕에서 직장 생활을 통해 나타나는 인도인은 참을성이 많

고 아이디어가 풍부하다. 또한 개인주의적이다. 신뢰하고, 신뢰받기를 원하는 감수성이 예민한 사람들이다. 한국인은 유교 문화의 영향으로 정부나 윗사람에 대한 충성심이 개인의 도덕성보다 더 높은 가치가 있다고 생각하지만 인도인은 그렇지 않다. 나 또한 진정한 개인의 자유와 행복이 없으면 단체나 조직, 기업, 국가의 발전이나 번영은 있을 수 없고 오래 갈 수 없다고 생각한다. 인도에서도 회사에 대한 무조건적인 충성을 강조하지 않았다. 건전한 개인주의가 회사에 도움이 된다. 자기를 위해 열심히 노력하는 사람이 가족과 회사, 나아가 국가를 위해 무엇인가를 할 수 있다.

인도인의 특성을 미연에 알고 그런 것은 아니지만 나의 이런 철학과 생각이 인도인의 사고와 인도 문화에 잘 조화되었다. 그리고 이는 행동하기를 주저하는 인도인을 행동하게, 책임지지 않으려는 인도인을 가장 먼저 자기 잘못을 인정하는 직원으로, 또 시키는 일만 한다는 인도인을 주인의식을 가지고 밤늦게까지 뛰는 구성원으로 변화시키는 힘이 되었다. 아무튼 서로 다르다는 것을 인정하지 않으면 상생할 수 없다. 편견은 다름을 받아들이지 않고 자기의 잣대만 고집할 때 굳어진다. 이를 극복하지 않고는 어디서든 성공할 수 없다. 인도, 인도인에 대한 오해와 편견도 터무니없는 것이 많다. 하지만 이해를 통해 충분히 뛰어 넘을 수 있는 것들이다.

# 인도와 인도 사람에 대한 오해들

## 인도 사람은 느리다?

더운 지역에서 생활하는 사람은 느려야 산다고 뒤집어 생각할 필요가 있다. 무더위에 너무 빨리 움직이면 오래 일하지 못한다. 인도에 오기 전 근무했던 중동의 두바이, 중남미의 파나마도 더웠고, 상황은 마찬가지였다. 더불어 인도는 과정을 많이 거쳐야 하는 나라다. 철저하게 다원주의를 인정하는 민주주의 국가이기 때문이다. 그런 여건이 인도인을 느리게 만든다. 좋게 말하면 과정이 많다는 것은 모든 사람을 만족시키려는 것이고 그래서 느리다는 것이다. 그러나 나는 인도에서 근무하는 동안 인도인이 느리다고는 생각해보지 않았다. 이유는 미리미리 준비하게 했기 때문이다. 항상 잘못될 경우를 대비해서 여유시간을 갖고 계획을 구상했다. 그래야 실수가 없다. 많은 경우 한국인은 계획 자체를 너무 촉박하게 세운다. 무슨 일을 주관할 때 시작은 늦으면서 독촉하는 스타일을 많이 봤다. 그러면서 '느리다'고 인도인을 탓하게 되는 것 같았다.

## 인도 사람은 거짓말을 자주한다?

물론 인간은 자기 보호 본능이 있어 공격을 당하면 우선 회피하려 한다. 누구에게나 볼 수 있는 모습이다. 이유를 설명해봤자 잘 통하지 않으니 처음부터 안 했다고 하는 것이 쉬운 방법임을 터득하는 것이다. 하지만 이해해주고 아량으로 실수를 인정해주면 거짓말을 하지 않는다. 인도인뿐만 아니라 누구나 마찬가지가 아닐까. 오히려 상대방이 거짓말을 하도록 분위기를 조성하지 않았는지 돌아봐야 한다. 개인적으로도 그렇고, 회사에서도 인도인의 거짓말 때문에 고생해보지 않았다. 거짓말을 할 필요가 없도록 분위기를, 조직문화를 만들려고 노력했다. 무엇이 거짓이고 무엇이 진짜인지 분명치 않은 경우가 더 많다는 것을 알아야 한다. 진리는 흑이나 백이 아니고 회색이라는 철학자의 말도 있지 않은가.

## 인도 사람은 멍청하다?

인도에서 사업을 하는 사람들 가운데 인도인을 이렇게 말하는 사람이 있다. 하지만 오히려 그가 멍청한 게 아닐까. 산업화 과정을 보면 인도는 이제 초등학생이다. 한국은 고등학교를 막 졸업한 정도일까. 그런데 고등학교에서 3차방정식을 배웠다고 초등학생에게 3차방정식을 모른다며 비웃거나 비난한다면 누가 더 멍청한 것인가. 나는 인도인이 멍청하다고 생각해본 적이 없다. 아니 우리보다 더 똑똑하다. 자질이 좋기 때문에 3차방정식을 시간을 두고 잘 가르치면 바로 이해한다. 그리고 빠른 시간 안에 대학생을 쫓아갈 수 있다. 그들의 현재 수준을 이해하는 현명함이 필요하다. 옛말에 사람 부리기를 큰 제사지내듯 해야 한다고 했다. 그만큼 성의를 가지고 신중하게 그리고 정중하게 대해야 한다는 것이다. 그래야 인간적으로 성숙해진다. 그리고 그런 기업이 1등 기업이 될 수 있다.

### 인도는 불안하다?

인도는 간혹 대형 사건·사고가 일어나기도 하지만 치안은 비교적 잘 지켜지고 있다. 가족과 함께 6년간 살았던 중남미보다 치안 상태가 더 좋다. 인도의 민주적인 정부와 잘 운용되고 있는 관료시스템이 밑바탕이다. 무슨 문제든 순리대로 정해진 규칙과 법으로 해결하려는 민주주의 국가라고 신뢰해도 좋다. 인도-파키스탄 관계도 갈등은 이어지고 있으나 서로 간에는 남북한보다 훨씬 더 자유롭게 방문하고 통신을 하고 있다. 일부 지역에서 나타나고 있는 공산 반군 마오이스트 문제는 점차 좋은 방향으로 잘 해결될 것으로 보고 있다. 정부와 국회에서 이들의 근본 문제를 빈곤으로 파악하고 문제 지역에서 빈곤 퇴치, 대화, 무력 사용 등의 순서로 해결하려는 합리적이고 민주적인 노력을 하고 있기 때문이다.

### 인도는 지저분하고 더럽다?

이것은 과거의 한국과 비교하면 이해할 수 있다. 더욱이 인도는 세계 인구의 6분의 1이 살고 있는 나라다. 그 많은 인구를 먹여 살리면서 나라를 이끈다는 것이 얼마나 힘들지 이해와 동정을 할 수 있다. 사람이 모든 공해의 가장 큰 원인이다. 인구가 많다보니 배출하는 공해도 엄청날 수밖에 없지 않겠는가. 하지만 인도의 호텔 등은 상대적으로 어느 나라에 못지않게 좋다. 특히 바닷가, 산, 유적지 등에 있는 리조트식 호텔은 세계 일류 수준으로, 휴식을 취하고 명상을 하기에 제격이다. 인도의 이런 시설이나 자연 환경을 즐기는 것도 생활의 활력소가 될 수 있고 인도를 이해하는 데 도움이 된다. 어디서든 즐거움을 찾을 수 있는 사람이 성공한다.

어려운 환경도 관점을 달리해서 보면 우리가 가려는 천국의 모습이 아닐까 상상해본다. 천국에는 화장실이 없을 것이고, 에어컨, 전기, 자동차도 없을 것이다. 전부 채식을 하고 자기가 먹을 식량을 얻기 위해 하루 종일 밭에서 육체노동을 할 것이다. 따로 다이어트를 할 필요도 없고, 돈을 내고 헬스클럽에 갈 이유도 없을 터다. 고민 없이 하루하루 열심히 일하고, 무엇을 먹고 입을지 걱정할 필요가 없는 육체노동자의 깨끗한 생활일 것이다. 누구의 생활과 비슷한가?

### 인도 사람은 잘못을 인정하지 않는다?

인도인 스스로도 보통 자신의 잘못을 잘 인정하지 않는다고 말한다. 그러나 우리 회사는 다르다고 한다. 우리 회사가 그런 데에는 이유가 있다. 회의 때마다 "잘못이나 실수를 아는 사람이 현명한 사람이다. 다음에 개선할 수 있기 때문이다. 잘못을 모르는 사람은 멍청하다. 무엇을 개선해야 되는지 모르기 때문이다"라고 강조했다. 그리고 현명한 사람이 되기를 요구했다. "끊임없이 잘못된 점, 부족한 점을 찾아내 개선하는 것이 혁신이다. 혁신 없이 발전은 없다"라는 사실을 항상 교육하고 강조했다. 부족한 점, 잘못한 점을 인정하는 것이 일상 업무이고 살 길이라고 생각하는 문화에서 잘못을 인정하지 않는 태도가 나올 수 있을까.

# 4

# 인도의 현재와 미래를
# 긍정적으로 읽어라

대부분의 사람들이 인도 시장의 장래성은 높이 평가한다. 때문에 인도 시장에 진출해야 한다는 총론에는 쉽게 의견이 일치한다. 그러나 '언제 들어가서 어떻게 성공적인 기업이 될 것인가' 하는 각론으로 들어가면 고민이 따른다. 인도 시장의 특징, 그들만의 힘과 가치를 제대로 파악하면서 현명하게 나아가야 할 일이다. 언뜻 보면 장애와 한계가 크게 보이나 그들만의 논리와 특유의 저력이 있다.

## 인도 사업은 시간과의 싸움

인도에서는 모든 것이 느리다. 뉴델리 집 근처의 4차선 도로가 10년에 걸쳐 완공되는 것을 봤다. 많은 일이 이렇게 더디게 진행된다고 생각해야 한다. 인도에서 사업하기 어려운 이유 가운데 하나다. 시장이 빨리 변해서 문제가 되는 경우보다 예상보다 너무 천천히 변하는 바람에 예기치 못한 실수를 범하는 경우가 많다. 공장을 너무 빨리 짓는 바람에 시장이 따라오지 않아 어려움을 겪는다. 이렇게 느린 이유 가운데 하나는 민주주의가 발달되어 있어 다양한 정치세력을 만족시키려다보니 적시에 되는 것이 없고 정해져도 실행력과 속도에 문제가 생기기 때문이다.

그러나 이렇게 느린 인도를 이해하고 준비하지 않으면 살아남지 못한다. 살아남아야 나중에 성공할 수 있다. 인도 사업은 시간과의 싸움이다. 서두르지 말고 작은 규모라도 착실하게 뿌리를 내려 성장 기반을 마련하고 장기전에 대비하는 자세가 요구되는 것이다. 그리고 점진적으로 시장을 쫓아가는 식으로 투자해야 크게 실수하지 않는다. 중장기적인 전략을 세워 인내심을 가지고 투자해야 한다.

GE의 제프리 이멜트 회장은 인도를 방문한 뒤 "인도에서의 성공 여부는 적응력과 인내심에 달려 있다"고 했는데 적절한 지적이다. 참을성을 가지고 인도에 뿌리를 내리는 기업이 시간과 함께 성장할 것으로 본다. 지금 뿌리를 내리지 못하면 성장할 기회를 잃는 것이다. 중국인들이 잘 쓰는 여시구진(與時俱進)이라는 말이 있다. '시간과 함께 나아간다'는 뜻이다.


## 뛰어난 상상력과 창의력

인도가 인류 문명의 발상지이자 세계 4대 종교 가운데 힌두교와 불교의 발상지라는 사실은 각별한 의미가 있다. 철학적이고 사변적인 인도인을 웅변해준다. 이들은 생각이 많고 깊다. 그래서인지 상상력과 창의력이 뛰어나다.

생각이 많은 인도인의 성향은 기업 활동에 많은 기여를 한다. 이들은 관리, 마케팅, 기획 등에 강점을 보인다. 크게 보면 제조보다 영업 마케팅에 강하다. 제조에는 기강(Discipline)이, 영업 마케팅에는 상상력(Imagination)이 필요하다. 인도에서 성공한 요인 가운데 하나는 제조에 강한 한국과 영업 마케팅에 뛰어난 인도의 특징을 잘 배합한 것이었다.

인도인의 창의력이 잘 발휘되는 대표적인 분야가 소프트웨어 산업이다. 미국에 거주하는 인도인은 전체 미국인의 1%에 불과하지만 실리콘 밸리의 사장과 직원의 30% 이상이 인도인이라는 점을 주목할 필요가 있다. 인도의 인포시스(Infosys), 위프로(Wipro), 타타 컨설팅(TCS) 등은 세계적인 IT서비스 회사다. 인포시스와 위프로는 뉴욕 증시에도 상장되어 있다. 이런 소프트웨어 업체들의 고용효과는 엄청나다. 일반 제조업은 자동화가 이뤄지기 때문에 반드시 사람이 많이 필요한 것은 아니다. 반면 소프트웨어 산업은 사람만이 할 수 있다. 때문에 인도처럼 창의적인 인력이 많은 나라에서 발전하는 것이라고 볼 수 있다.

더불어 최근 인도 기업들이 공격적으로 시도하는 세계적인 기업의 인수합병(Merging and Acquisition: M&A)은 인도의 저력을 확인할 수 있는 단적인 예다. 인도의 대기업인 타타(TATA)나 릴라이언스(Reliance) 등은 철강, 화학, 통신, 자동차 등의 분야에서 한 건에 10억 달러가 넘는 초대형 회사를 인수했다. 이런 건이 있을 때마다 인도의 세계화 전략에 감탄하고 이들 기업의 신속한 결정과 과감한 행동에 놀란다.

대기업뿐만이 아니다. 우리 푸네 공장 가까이 있는 풍력 발전회사가 유럽의 풍력 발전기 제조업체를 인수하는 것을 보면서 많은 생각을 했다. 인수합병을 통해 새로운 사업에 진출하면서 기존 사업과 시너지 효과를 낼 수 있고 이런 인수합병으로 기업은 크게 성장할 수 있는 것이다.

## 우리와는 무엇이 다른가?

인수합병뿐만 아니라 앞서 이야기한 소프트웨어 산업에서도 한국은 인도와 차이가 많다. 한국은 인도만큼 인수합병을 잘하지도 못하고, 소프트웨어 분야에서도 인도와 같은 세계적인 회사가 나오지 않고 있다. 왜 그럴까. 크게 보면 이유는 일맥상통한다. 열린 마음, 포용성이 부족하기 때문이다. 다른 것을 존중하고 인정하면서, 협업하는 문화가 제대로 형성되어 있지 않은 것이다.

기회가 있을 때마다 한국 소프트웨어 업체의 책임자에게 왜 인도인을, 아니 인도인이 아니어도 외국인을 개발실에 많이 쓰지 않느냐고 물어봤다. 이유를 들으면서 아직 우리에게는 외국인과 같이 근무할 토양이 마련되어 있지 않다는 것을 느끼곤 했다. 처음에는 귀찮고 번거롭다는 이유로, 그리고 효율성이 떨어진다는 이유로, 또 역량이 기준미달이라는 이유로 적극적으로 외국인을 쓰지 않는 것이었다. 또 같은 이유로 인도에 있는 한국 소프트웨어 업체 지사를 수동적으로, 그리고 보조적으로 활용하는 것으로 끝나니 결국 크게 발전하지 못하는 것으로 보였다. 외국인에게 독립 프로젝트를 준다거나 외국인과 프로젝트를 분담해서 일하는, 그런 협업에 익숙하지 않다는 것도 문제지만 더 심각한 것은 그런 일에 거부감을 갖고 있는 것이다. 외국인과 함께 할 토양을 만드는 과정에서 우리 역량이 자라는데, 안타까웠다.

인수합병의 성공 여부도 다른 것을 존중하고 인정하는 태도에서 갈라진다. 신도 많고, 언어도 많고, 얼굴색도 다양한 인도인은 이질적인 문화를 쉽게 받아들이고 소화한다. 우리는 50대 50으로 지분을 나눠 가진 외국 합작법인의 경우에도 마치 100%의 지분을 가진 것처럼 운영하려 든다. 불협화음이 생길 수밖에 없고, 대부분 성공하지 못한다. 50%를 가지고 있어도 10%를 가진 것처럼 현지 업체를 존중하고, 그들의 관행과 결정을 따라야 하는데 그렇지 못하다. 우리의 주장이 너무 강하기 때문에 합작법인이 많이 실패하는 것이다.

우리 회사가 인도의 텔레비전 브라운관(Cathode Ray Tube: CRT) 생산업체와 합작했다가 실패한 것이나 한국의 한 회사가 미국의 컴퓨터 업체를 인수해서 실패한 것 등은 외국 회사의 문화, 그리고 그들의 관행을 받아들이는 능력이 부족했기 때문이었다고 본다. 외국 기업과의 합작이나 외국 기업의 인수합병이 성공하기 위해서는 50%의 지분을 갖고 있으면서 10% 가지고 있는 것처럼 행동하고, 심지어 100%를 가지고 있더라도 30% 정도 가진 것처럼 현지 문화를 인정하는 겸손한 경영이 필요하다. 이런 맥락에서 다양성, 융통성, 포용성을 겸비하고 있는 인도가 세계화에 훨씬 유리하다고 보는 것이다.

향후 한국 기업의 성공 여부는 외국 기업을 얼마나 잘 인수합병하고, 외국 기업과 합작할 수 있느냐에 전적으로 달려 있다고 본다. 새로운 사업에 도전하지 않고서는 성장이 있을 수 없고, 성장 없이는 기업의 미래도 없다. 요즘 한국의 많은 대기업이 신사업을 성장시키지 못하기 때문에 조직원에게도 발전의 기회가 점점 줄어든다. 한국에서 심각한 조기은퇴 문제도 과감하게 신사업을 개척하지 않고서는 해결하기 어렵다. 직원들에게 미래에 대한 희망을 주지 못하는 기업은 제대로 기업을 운영하지도 못할 것이다.

# 인수합병을 통해 세계 최대의 철강회사가 된 미탈

미탈(Mittal)이라는 인도 회사를 보면 과연 이 회사를 인도 회사라고 할 수 있는지 의문이 들 정도로 탈인도화되어 있다. 인도 출신의 락시미 미탈 회장이 1976년 인도네시아에 진출해 세운 이스판인도라는 제철회사로 시작한 이 회사는 여러 차례의 적극적인 인수합병을 통해 세계적인 대기업으로 올라섰다. 전체 그룹의 운영본부는 네덜란드에 두면서, 인수한 철강업체를 합리적으로 관리해 효율을 극대화하는 전략을 쓰고 있다. 운영은 현지 경영팀에게 일임하고 결과를 가지고 평가하는, 단순하면서 분명한 경영전략이 핵심이다. 2006년 6월, 당시 세계 1위 철강기업으로서 세계 2위 철강업체인 아르셀로사를 합병해 '아르셀로미탈'을 설립했다.

# 5

# 건전한 세계시민이 되어라

세계화의 물결 속에 기업이 성공하기 위해서는 구성원이 훌륭한 세계시민이 되어야 한다. 기업이 사회의 일원이라고 할 때 우리 사회 전체가 훌륭한 세계시민으로 채워진다면 우리 기업 역시 훌륭한 세계기업 또는 세계화된 기업이 될 수 있다. 특히 외국에서 기업을 운영하는 데 기본적인 세계시민의 자질이 없다면 절대 성공할 수 없다. 인도에서도 물론이다. 현지화에 성공하기 위해서도 구성원은 먼저 훌륭한 세계시민이 되어야 한다. 오랜 해외 생활과 인도에서의 경험을 통해 나름대로 정립한 바람직한 세계시민상이 있다.

**첫째, 세계시민은 서로 다른 것을 존중하고 귀하게 여기는 태도를 가져야 한다**

이웃의 문화, 이웃의 종교를 인정하고 존중하는 것이다. '똘레랑스(Tolerance)', 즉 관용과 아량의 정신이다.

중동 아랍에미리트의 두바이에서 3년간 살면서 이슬람교의 좋은 점을 많이 보고 느꼈다. 사막에서 살아가는 그들의 삶은 소박하고 단순했다. 대단한 것을 욕망하지도 않았다. 산다는 것 자체를 축복이라고 생각하고 척박한 환경을 참고 이겨 나가는 것이었다. 무슬림들의 기도 시간을 알리는 아잔(adhan) 소리가 하루 5번씩 스피커를 통해 구성지게 들리면 마음이 차분해졌다. 사무실에서 찻잔을 나르는 인도 하인과 아랍인 주인의 태도가 그렇게 평등해 보였던 것도 종교의 영향으로 여겨졌다. 두바이를 떠난 지 15년 만에 다시 찾아간 거래 회사 응접실에 여직원이 그대로 있었고, 또 다른 거래처의 인도 직원도 변함없이 일하고 있었다. 한 번 믿고 일하면 가족처럼 오래 오래 관계를 유지하는 아랍의 따뜻한 문화를 엿볼 수 있는 장면이었다. 죽으면 지위 고하를 막론하고 초라하고 보잘것없는 평평한 모래 속에 묻힌다고 했다. 이렇게 평화롭고 소박한 이웃집 사람 같은 아랍인이 대부분이다. 극소수 극단주의자 때문에 쉽게 전체를 나쁘게 생각해서는 건전한 세계시민이라고 할 수 없다.

인도에 살면서 당혹스러운 일이 있었다. 내가 다니던 교회에서 설교 시간에 끊임없이 다신교인 힌두교를 비난하는 것이었다. 인도 현지의 문화와 종교의 좋은 점을 발견하려고 노력하지 않고, 직원이

나 거래선의 신앙을 존중하는 태도 없이 믿을 수 있는 좋은 관계가 형성될 수 있겠는가?

조직을 운영할 때에도 다양한 의견을 장점으로 여겨야 진정한 창의력이 발휘된다. 합의·조정보다 이견과 논쟁이 많은 조직이 오히려 건강한 조직이라는 경영학자들의 말을 귀담아 들을 필요가 있다. 질서보다 혼돈 속에서 생명이 탄생하고 창의성이 생긴다는 것과 같은 맥락의 말이다. 다른 생각, 다른 의견, 다른 믿음을 존중하는 태도가 건전한 세계시민이 갖춰야 할 가장 중요한 자질이다. 인도에서 사업을 하면서 가장 요구되지만 또 한국인에게 가장 부족한 자질이 바로 다양성을 수용하는 아량과 관용이다. 인도에서 근무하는 본사 파견 직원들이 대부분 인도를 혐오한다면 그들이 하는 비즈니스는 성공할 수 없다. 인도의 색다른 문화를 이해하고 존중할 때 현지 직원들의 존중을 받을 수 있다.

### 둘째, 개인의 자유, 개성을 존중하는 것이다

다수의 여론과 관습을 앞세워 개인의 의견과 취향을 무시하고 짓밟는 것은 자유에 반한다는 말처럼 개개인의 개별성, 개성이 존중되는 사회가 바로 행복한 사회다. 1996년 독일의 뒤셀도르프에서 근무할 때 놀랄 만한 이야기를 들은 일이 있었다. 현지 국제 학교에서 고등학생들은 부모의 승낙이 있으면 학교의 지정 장소에서 담배를 피우게 한다는 것이었다. 처음에는 눈을 크게 떠야 했지만 학생들이 숨어서 몰래 피우게 하는 것보다 훨씬 나은 조치라고 생각했다. 30대중반이던 1981년 쯤 미국 시카고에서는 이런 경험도 했다. 거래 회사 관계자가 식사를 하면서 나에게 결혼을 했느냐고 묻길래 "당연히 했다(of course)"라고 말했더니 나를 이상하다는 듯이 보는 것이었다. 이들에게는 그 나이에 결혼하는 것이 당연한 통과의례가 아니었기 때문이다. 최근 한국도 서서히 독신주의자가 늘어가고 늦게 결혼하는 것도 그다지 이상하게 여겨지지 않게 되었다.

모든 사람의 생각은 다를 수 있는 것이다. 각 개인의 자유와 개성이 존중되는 사회가 진정으로 세계화된 사회다. 기업 운영에서도 전체 때문에 개인의 자유와 개성이 희생되지 않도록 하는 것이 창의력을 높이는 바른 길이다. 건전한 개인주의를 인정해야 한다. 건강한 개인이 모여 건강한 가정, 건전한 사회를 이룬다. 인도를 아주 후진국처럼 보기도 하지만 개인의 자유와 개성을 존중하는 등 정신적인 면에서는 선진국에 속한다는 것이 내 생각이다. 학자들이 아시아에서 진정한 민주주의 국가는 일본과 인도밖에 없다고 이야기한 적도 있다. 눈에 보이는 것만 보지 말고 눈에 보이지 않는 문화와 철학, 전통을 높이 평가하는 사람이 인도 문화를 이해할 수 있다. 그리고 그런 사람이 성공하는 비즈니스를 할 수 있다.

### 셋째, 남을 배려하는 예의가 있어야 한다

한국을 동방예의지국이라고 하지만 우리가 모르는 국제적인 예의범절도 많다. 세계적으로 지켜지는 예의를 배우고 갖춰야 세계시민이 될 수 있다. 두바이에서 살 때의 일이다. 살고 있는 아파트의 관리사무소는 발코니에 빨래를 널더라도 밖에서 안 보이게 낮게 널도록 규제했다. 미국 뉴저지에서도 비슷했다. 아파트 발코니가 지저분해지지 않도록 관리했다. 남에게 혐오감을 주지 않는 것은 물론, 아파트 전체 미관을 해치지 않도록 규칙을 만든 것이었다. 그 후 한국에 와보니 잘사는 동네라는 압구정동의 아파트에서도 빨래뿐만 아니라 이불까지 창밖으로 걸쳐 놓고 햇볕에 말리고 있었다. 눈에 크게 거슬렸다. 미국 뉴저지에서는 퇴근 후 반바지에 슬리퍼를 신고 슈퍼마켓을 가곤 했다. 그러나 슬리퍼를 신고 오는 미국 사람은 볼 수 없었다. 이들은 청바지라도 깨끗하게 다려 입고 장을 보러왔다. 남을 배려하는 자세가 우리보다 앞선다고 느꼈다. 인도의 골프장에서는 반바지를 입고 운동하는 게 허용되지만 식당에서는 그렇지 않은 곳이 많다. 식당 분위기를 상쾌하고 고급스럽게 유지하기 위해서 잘하는 일이라고 생각했다. 그런데 인도 뉴델리의 고급 호텔인 니코(Niko) 호텔 일식당에 일본인이 반바지로 들어와 식사하는 것을 많이 봤다. 통제하지 않는 식당이 이상하게 여겨졌다. 식당에 갈 때 깨끗하고 단정한 복장을 갖춰 입는 것뿐만 아니라 직원에게 공손하게 대하고 큰소리로 이야기하지 않는 것도 우리가 간과하기 쉬운 공중 예절이다. 인도인들은 서구식, 특히 영국식 예절에 더 익숙하다. 더욱이 거래처가 많은 경우에는 좋은 교육을 받은 사람도 많기 때문에 오히려 우리가 무시당할 수도 있다. 상대방이 누구든 세계시민으로서 갖추는 적절한 예의는 인격의 본질에 관한 문제다.

**넷째, 인간 존중은 기본이다**

영국의 철학자 버트런드 러셀은 "사람이나 사물에 따뜻한 정을 가질 때 행복해질 수 있다"고 했다. 행복한 생활은 선한 생활이다. 인간 존중, 인간 사랑의 정신이 없이는 세계시민, 세계 기업이 될 수 없다. 인간애는 국경을 초월한다.

인도 한인교회에서 주일 예배를 볼 때마다 많은 사람들이 한국을 걱정하는 기도를 한다. 하지만 왜 현재 우리가, 그리고 우리 기업이 함께 살아가는 인도를 위한 기도는 하지 않는지 속으로 불만스러웠다. 하느님 앞에 국적이 따로 있는가. 인권을 이야기하고 인간 사랑을 말하는 데 국가의 구별이 어디 있겠는가. 한국 신문을 보면 외국인 근로자에 대한 부당한 대우, 불법체류 외국인 근로자에 대한 착취 등 인권 존중에 반하는 사례를 많이 찾을 수 있는데 안타까운 일이다. 우리 국민이 외국에서 똑같이 당할 수 있다고 생각해야 한다. 멕시코에 인접한 미국의 국경도시에서 불법 밀입국자를 위해 인권 활동을 하는 미국인에 대한 기사를 본 적이 있다. 인권 존중, 인간 사랑은 불법, 합법을 가리지 않는다. 누구나 세계시민으로서 보호받아야 한다. 더욱이 외국에서 기업 활동을 하면서 그 나라 사람에 대한 따뜻한 애정 없이는 절대로 성공할 수 없다. 우리가 인도인을 무시하면 그들도 역시 한국인을 속으로 무시하거나 은연중에 저항하는 것이 정상이지 않겠는가. 나는 현지 직원의 인격을 존중해야 회사가 산다고 굳게 믿고 있다.

## 다섯째, 친환경(Eco-friendly)적이어야 한다

전 인류의 유일한 자산인 지구를 잘 보존해서 다음 세대에 넘겨야 하는 것은 우리의 의무다. 고기 소비량을 3분의 1만 줄여도 산림이 더 우거지고 바다 생물들도 더 번창할 수 있다. 멸종 위기에 놓인 동식물을 구해야 한다. 우리 인간도 예외가 아니다. 어느 날 인간도 멸종 위기에 몰린 생물 가운데 하나가 될 날이 올 수 있다. 학생들에게 환경 보호의 중요성을 가르치는 일은 학교가 해야 할 중요한 과제 중의 하나다. 독일은 전체 에너지 소비량 가운데 바이오매스, 태양이나 풍력을 이용한 신재생 에너지가 차지하는 비율이 2009년 10.1%에 달했고, 2050년에는 1차 에너지 소비에서 신재생 에너지의 비중을 50%로 올린다는 계획을 세우고 있다. 반면 한국은 이제 겨우 1.2%를 폐기물에서 에너지를 얻고 있고, 태양 에너지는 거의 전무한 수준이다. 우리가 분발해야 한다.

인도는 환경오염이 심각하다. 하천의 오염 상태는 눈 뜨고 보고 싶지 않을 정도이다. 그래서 우리 공장에서는 폐수처리 시설을 잘 해서 폐수가 한 방울도 밖으로 나가지 않도록 노력했다. 그리고 주차장이 부족하다고 불평해도 늘려 주지 않았다. 대신 자동차 공동 이용(Car Pool) 등과 같은 합리적인 방법을 찾아내 회사에 들어오는 차량을 줄이도록 유도했다. 카풀 운동을 권장하기 위해 이에 적극 참여하는 직원들을 대상으로 매월 시상도 했다. 자전거를 많이 타는 나라가 선진국이라는 생각도 있다. 공장을 방문해서도 작업환경이 극도로 열악한 경우를 보고 많이 지적했다. 유해물질 배출, 공기 오염 등을 하지 않는 최적의 작업 환경이 최고의 품질을 만든다고 생각해야 한다. 외국 기업이 인도 업체의 모범이 되어야 현지 직원의 존경을 받을 수 있다.

### 여섯째, 동참의식을 갖는 것이다

이웃에 관심을 가져야 한다. 이웃 나라가, 그 국민들이 잘사는지, 터무니없이 죽어가는 것은 아닌지 애정을 가지고 지켜보면서 함께할 수 있어야 세계시민이다. 2008년 베이징 올림픽 때 개최국 중국은 또 다른 문제로 세계인의 주목을 끌었다. 주목이라기보다는 눈총이었다. 아프리카 수단의 다르푸르에서 일어난 학살 사태 탓이었다. 당시 무역 및 무기 거래 등을 통해 수단과 긴밀한 경제적 이해관계를 맺고 있던 중국이 사태를 오히려 악화시킨 배후로 지목되었다. 미국의 유명한 영화감독 스티븐 스필버그는 중국이 다르푸르 사태에 아무런 역할을 하지 않는다는 이유로 자신이 맡고 있던 베이징 올림픽 예술고문직을 사퇴하기도 했다. 이것이 도화선이 되어 전 세계 지성인들이 중국에 적극적인 역할을 하도록 압박을 가하는 등 세계 여론이 들끓었다. 비참한 인권 유린 사태를 막는 데는 너와 내가 없는 것이다.

2007년 언론 보도를 통해 미얀마(Myanmar)의 난민을 받아들인 국가를 보니 미국이 2만여 명, 프랑스가 1만여 명인 데 비해 일본은 45명에 불과했다. 국제 문제에 이렇게 소극적인 일본이 국제사회에서 어떤 대접을 받을 수 있을까 생각해봤다. 세계시민으로서 세계적인 이슈에 관심을 갖고 합당한 만큼 동참하는 일이 마땅한 도리이다. 세계화가 진행되는 지금 서로가 긴밀하게 영향을 주고받을 수밖에 없기 때문이다. 인도 정부가 개선하려고 노력하는 인도 하층민 문제가 더 이상 인도만의 문제가 아니며 인도 북부 카슈미르(Kashmir)에서 이어지고 있는 분쟁도 인도와 파키스탄만의 문제가 아니다. 남북한의 문제 또한 전 세계의 문제다. 이제 우리는 서로 관심을 갖고 영향을 주고받으며 이웃으로 살아가는, 지구촌의 시민이다.

동참한다는 것은 언론 등을 통해 외국의 움직임을 관심 있게 보는 것에서 출발한다. 관심은 애정의 시작이다. 이웃에 관심을 갖고 애정 어린 마음으로 보는 것이야말로 훌륭한 세계시민의 첫 걸음이요, 훌륭한 세계 기업의 일꾼이 되는 기본이다. 기업은 기업으로서 사회적인 책임을 다하는 것이 시대의 변화에 동참하는 것이다. 직원이 회사에 긍지를 느낄 수 있도록 사회에 봉사하는 활동을 해야 한다. 가장 윤리적인 회사가 가장 훌륭한 회사라고 하지 않는가.

### 일곱째, 철학이 분명해야 한다

소신이 있어야 한다. 자기 나름대로 구축하고 있는 건전한 가치관이 그것이다. 그러기 위해서는 좁디좁은 나만의 세계에 갇혀 있는 것이 아니라 우주적 자아를 실현하기 위해 철학책을 읽어야 한다. '나는 누구인가', '왜 사는가' 등과 같은 기본적인 화두를 놓고 끊임없이 자기 자신과 대화하는 자가 비즈니스에서도 성공한다. 결국 비즈니스도 타인과 관계를 잘 맺고 유지하는 사람이 성공하는 영역이다. 스스로와의 관계를 비롯해 직원과 좋은 관계, 공급업자와 건설적인 동반자 관계, 거래선과 신뢰관계를 맺는 것이 성공적인 비즈니스의 핵심이다. 인도에 진출해서도 마찬가지다.

**마지막으로, 세계어인 영어를 구사할 줄 알아야 한다**

언어는 단순히 의사소통의 도구일 뿐만 아니라 세상을 보는 눈이기도 하다. 영어를 해야 넓은 세계를 볼 수 있고 세계적으로 생각할 수 있다. 영어를 통해 비로소 세계시민이 되는 것이다. 인도에서도 영어 구사 능력은 필수다.

# 인도를 빨리 이해할 수 있는 문화 유적지

인도를 알기 위해서는 인도의 문화유산이나 관광지를 찾아 많은 것을 배우고 느껴야 한다. 이것은 효과적인 마케팅을 하는 데도 큰 도움이 된다. 10여 년간 우리 지사나 영업소가 있는 곳을 다니다 보니 누구보다 많은 곳을 찾아가 볼 수 있었다. 여기에 직접 가봤던 대표적인 관광지를 몇 군데 소개한다.

## 세계 최초의 불교대학, 나란다 대학(Naranda)

나란다는 인도 북동부 비하르(Bihar) 주의 주도인 파트나(Patna)에서 남쪽으로 80km 정도 떨어져 있는 곳으로 부처님이 설법을 펼치며 활동하던 도시이다. 세계에서 가장 오래된 대학 가운데 하나인 나란다 대학은 A.D. 5세기경 설립되어 12세기까지 존립하면서 최대 2만여 명이 기숙하며 불교를 공부했던 것으로 알려져 있다. 신라의 고승 혜초가 유학했다는 유서 깊은 곳이기도 하다. 지금은 건물 터와 일부 벽돌 건물만 남아 있어 '여기는 강의하던 곳 저기는 기숙사' 하는 설명을 들으면서 예전의 대단했던 불교 대학 도시의 흔적을 더듬을 수 있을 뿐이나 인도 문명의 깊이를 실감할 수 있는 귀한 유산이다. 인도 불교의 전성기를 이끌던 이 대학은 무슬림 투르크의 침략으로 파괴되었고 이후 불교도 인도에서 쇠락의 길을 걸었다.

## 불교의 삼대 유적지

부처가 태어난 곳, 득도한 곳, 그리고 열반에 드신 곳이 삼대 불교 유적지다. 탄생지는 인도와 네팔 국경 근처에 있는 룸비니(Lumbini)다. 현재는 네팔에 속해 있다. 옛날에는 인도나 네팔이라는 통일된 나라가 없었기 때문에 어느 나라에 속해 있느냐가 의미가 없었다. 부처의 탄생지로 추정되는 곳에 기념관이 있으나 참배객이 거의 없는 아주 황량해 보이는 곳이었다. 비행기로 갈 때는 네팔의 카트만두까지 가서 다시 경비행기로 갈아타야 하는 등 교통이 불편한 탓인 듯하다. 그래서 그런지 인도에 있는 다른 두 곳과 비교하면 내세울 만한 이렇다 할 건축물도 없다. 수많은 신자를 거느린 종교의 탄생지라고 하기에는 보잘것없어 보이지만 그것이 바로 부처님의 가르침이 아닐까.

득도한 곳은 비하르(Bihar) 주의 파트나(Patna)에서 2시간 정도 운전하면 갈 수 있는 보드가야(Bodhgaya)다. 부처님이 득도하고 주로 활동했던 비하르 주는 현재 인도에서 가장 못 사는 주에 속하고 치안 상태도 불안한 곳이다. 부처님이 아직도 시련 속에 홀로 핀 연꽃 같은 존재처럼 중생을 구제하기 위해 구도자의 어려운 길을 묵묵히 걷고 계시는 듯했다. 예수가 태어나고 활동했던 이스라엘이 평화의 땅이 아니라 아직도 지구상에서 가장 어려운 분쟁지역이라는 점과 일맥상통하는 것은 아닐까 하는 생각도 들었다. 내가 이곳을 찾았을 때는 한적한 가운데 서양인 한 사람이 외롭게 108배를 올리고 있었다. 비록 쓸쓸해 보이기는 했지만 번거로운 세상을 벗어나 많은 것을 생각하게 하는 장면이었다. 자신의 신앙을 떠나 불교는 한국인들에게 친숙하다. 늦가을 깊은 산속에 있는 사찰에서 만나는 풍경소리를 좋아하지 않을 사람이 어디 있겠는가.

열반지는 쿠시나가르(Kushinagar)다. 인도에서 가장 큰 주인 우타르프라데시(Uttar Pradesh) 주의 고락부르(Gorakbur) 시에서 차로 2시간 정도 거리에 있는 곳이다. 고락부르는 또 인도에서 유명한 범죄 집단의 근거지다. 부처님이 지금도 가장 힘들고 험난한 곳에서 설법을 전하고 있다고 생각했다. 분위기도 보드가야와 비슷했다. 오후 4시께 찾은 그곳에는 스님 두 분이 목탁을 두드리며 참배하고 있었다. 이들뿐이었다. 기독교 성지에 비하면 쓸쓸해 보이고 초라했다. 하지만 조용하고 화려하지 않아 오히려 마음에 들었다. 이스라엘의 예루살렘은 현대식 건축물이 많이 들어서 옛 모습을 찾아보기 힘들다. 예수가 십자가를 지고 걸었다는 골고다 언덕에는 사방이 가게로 들어차 있다. 지나치게 상업화되어 있어 성스러운 곳이라는 느낌이 들지 않았다. 예루살렘을 떠올리면서 불교 유적지는 개발을 최소화하고 상업화가 되지 않도록 보존할 필요가 있겠다고 생각했다. 언제 찾아도 마음의 평안을 주는 명상의 장소로 남았으면 하는 바람이다.

## 힌두교 유적지

바라나시(Varanasi)는 뉴델리에서 비행기로 한 시간, 기차로 5~6시간 걸리는 곳으로 힌두교에서 신성시하는 갠지스 강 기슭에 있다. 힌두교의 7개 성지 가운데 으뜸으로 꼽히며 힌두교도가 삶의 마지막을 보내고 싶어 하는 장소라고 한다. 이곳에 와서 죽음을 기다리는 사람이 많다. 기원전부터 산스크리트로 알려질 만큼 오래된 도시로 미로 같은 골목길에 크고 작은 수많은 사원이 밀집해 있고, 길목마다 장사하느라 여념이 없다. 예루살렘 골고다 언덕에 있는 수많은 상가를 연상케 할 정도다. '역시 잘 나가는 종교는 방문객이 많아 장사가 잘 되는가 보다'라는 생각이 들었다. 불교 관련 유적지에 방문객이 제일 적었다. 쓸쓸했으나 오히려 그 점이 마음에 들었다. 깊은 사색에 잠기는 동시에 명상의 시간을 가질 수 있었기 때문이다.

인도 남부 타밀 나두(Tamil Nadu) 주의 주도인 첸나이(Chenai)에서 다시 남쪽으로 500km나 떨어진 지방도시인 마두라이(Madurai)는 2,500년의 역사를 지닌 유서 깊은 곳으로 인도 남부에서 가장 오래된 도시다. 이곳에는 유명한 스리 미낙시 사원(Sri Meenakshi Temple)이 있다. 전 세계에서 하루에 1만 명이나 되는 관광객이 찾는다. 총면적이 6만 평방미터로 가로 300m, 세로 200m나 되는 규모다. 2,500년 전에 건축된 뒤 1560년에 증축된 것으로 알려져 있다. 이전까지 전혀 들어본 바도 없었는데 마침 이곳에 새로 개설된 지사를 방문한 길에 지사장 소개로 남는 시간에 잠깐 들렀다. 그러나 상상을 초월하는 규모와 독특한 외부 디자인의 탑문이 인상 깊었다. 사원 옆에 45~50m 정도 높이로 우뚝 솟은 탑문은 고푸람으로 불렸는데 인도 신화에 나오는 3만 3,000위의 신과 악마의 조각이 형형색색 새겨져 있어 힌두교 사원 가운데 가장 크고 멋있는 건축물로 꼽혔다. 사원 내부는 전부 돌로 되어 있었고, 수많은 사당의 집합소 같았다. 사람들이 너무 많고 복잡해서 경건한 분위기와는 거리가 멀었으나 힌두교의 힘을 느낄 수 있었다.

## 케랄라 주(Kerala State)

인도에는 우리에게 알려지지 않은 좋은 곳이 너무 많다. 개인적으로는 인도 최남단의 서쪽에 있는 케랄라 주를 좋아했다. 적도 가까이에 있는 곳으로 다른 지역과 달리 산과 호수, 나무가 많다. 주도인 코친(Cochin) 근방인 연안 하천지역은 동양의 베니스라고 할 만큼 아름답다. 코친에서 2~3시간 정도 차로 가면 만날 수 있는 무나르(Munar) 시의 차 농장과 인근에 있는 페리야르 공원(Periyar Wildlife Sanctury)도 아주 인상 깊은 곳이다. 그리고 코친에서 경비행기로 한 시간 정도 간 다음 다시 모터보트로 한 시간여를 가야 하는 산호섬(Lakshadweep)들은 인간의 때가 묻지 않은 아름다운 섬이다. 최근 한국인에게 인기 있는 몰디브 같은 곳인데 아직 개발이 안 된 곳이다. 이런 곳까지 외국관광객이 찾아오는 것을 보면 인도 관광자원의 무한한 가능성을 엿볼 수 있다. 인도는 이런 관광자원을 열심히 개발하려 하지 않는다. 산호섬 방문객도 제한하고 있다고 하니 돈만 생각하지는 않는 모양이다.

제 2 부

# 현지화가 곧 세계화

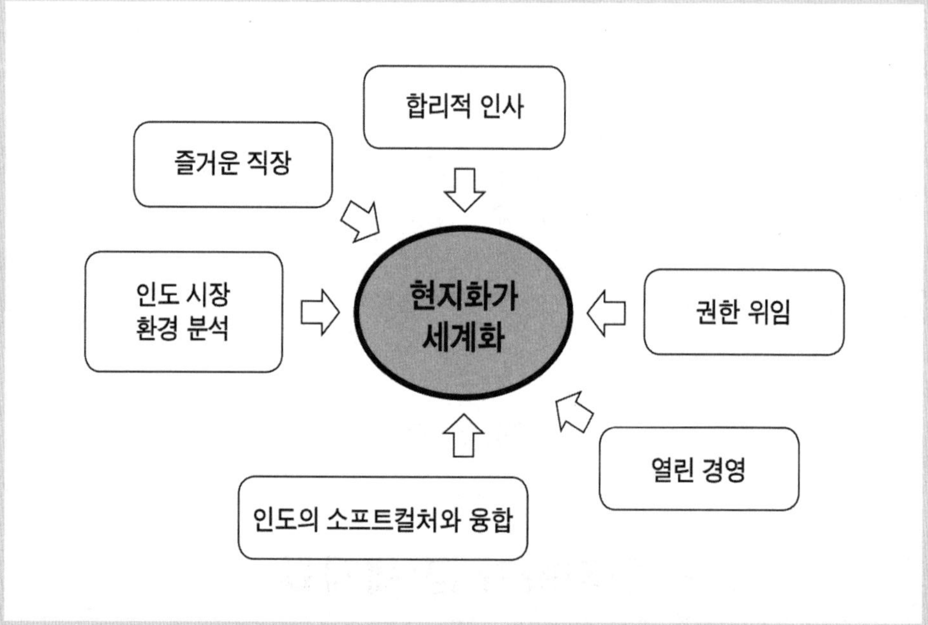

합리적 인사
즐거운 직장
인도 시장
환경 분석
현지화가
세계화
권한 위임
열린 경영
인도의 소프트컬처와 융합

# 6

# 인도인을 뽑아서 키워라

비즈니스는 결국 사람이 하는 것이다. 적절한 사람을 뽑아 그에게 맞는 일을 주인의식을 가지고 하도록 하는 것이 무엇보다 중요하다.

새로운 나라에서 새로운 비즈니스를 시작하려면 하나부터 열까지 배워가면서 해야 한다. 이럴 때 그 비즈니스에 경험이 있는 현지인을 잘 뽑아 그들의 경험을 최대한 활용하는 것처럼 좋은 방법은 없다. 물론 현지 업체와의 합작도 하나의 방법이 될 수 있다. 그러나 한국에서 100% 투자하는 단독법인으로 하기로 한다면 스스로 뛰어난 현지인 책임자를 발탁해 그가 직원을 뽑도록 하고 공장도 건설하며 영업 준비를 하는 것이 바람직하다. 결국 좋은 현지 직원을 채용하는 것이 가장 중요하고 급한 일이다. 어디서나 인사가 만사다.

## 인사의 6가지 원칙

**첫째, 인사를 총괄할 인도인 인사 책임자를 잘 뽑아야 한다**

이것이 성공적인 인사의 첫걸음이다. 인도인이 인도인을 보는 눈은 한국인이 인도인을 보는 눈과 다를 수 있다. 인도인이 인도 직원과 상의를 잘 할 수 있어야 한다. 채용 전문회사인 리크루트 회사를 잘 활용하면 폭넓게 사람을 고를 수 있다. 인도에는 10여 년 전에도 리크루트 회사가 잘 발달되어 있어서 여러 회사에서 많은 사람을 추천받을 수 있었다.

나는 겸손하면서 자기 의견이 분명하고 참을성과 충성심이 있는 사람, 그리고 한국 문화를 이해할 수 있는 사람인지를 중점적으로 봤다. 바로 이런 사람이 관리, 영업, 제조, 금융 등 모든 분야의 사람을 우리를 대신해서 심사하고 결정할 만한 사람이라고 판단했기 때문이다. 결과적으로 이런 사람을 잘 뽑았다. 10년이 지나서도 인사담당 중역(Human Resources Director)으로 근무했다. 중요한 인사 총괄책임자를 잘 선택한 것이다. 누구를 특별히 지명해서 스카우트한 것도 아니고 평범한 인력채용회사를 통해서였다. 그러나 돌이켜보면 좋은 사람을 뽑은 것이 아니고, 좋은 사람으로 만들었다는 것이 정확한 표현이다. 더 정확하게는 우리가 함께 성장한 것이었다. 100점 만점짜리 인재를 뽑은 것이 아니다. 70점짜리가 회사의 성장과 더불어 자란 것이다. 나도 70점에서 시작해 배우며 성장했다.

**둘째, 머리보다 가슴이 더 중요하다**

2006년 미국의 격주간 경제 전문지 ≪포천(Fortune)≫은 GE의 잭 웰치를 비판하면서 앞으로는 최고 인재보다 열정적인 사람을 더 중요시해야 한다고 지적했는데 전적으로 동의한다. 능력보다 영혼이, 그리고 가슴이 더 중요한 것이다. 어디서 100점 만점짜리 인재를 잘 구해보자고 생각하는 것은 헛된 기대일 수 있다. 겸손한 마음으로 열심히 배우겠다는 마음이, 그리고 자질이 중요하다. 적극적이고 긍정적인 사람이 회사일도 잘한다는 것은 한국과 인도를 떠나 세계 어디서나 통용된다.

**셋째, 일류학교 출신을 고집하지 말아야 한다**

한국인들이 편견을 가지고 있지만 인도인 가운데는 심성이 좋은 사람이 많다. 똑똑하고 오만한 사람보다 소박하고 노력하는 사람을 뽑아야 오래가고 조직에 충성한다. 일류대학보다 지방대학 출신의 우수한 자원이 훨씬 더 열심히 노력하고 오랫동안 회사에 기여한다. 말하자면 2류, 3류 대학 출신을 잘 뽑아 엄격한 교육을 통해 육성한 인재가 회사의 기둥이 되는 것이다. 나는 학교를 미리 지정한다든가 하는 무슨 전제 조건을 정해서 직원을 뽑은 일이 없다. 가능한 한 추천 인원 중에서 적임자를 골라 상대적으로 가장 나은 사람을 뽑았을 뿐이다. 전체 시스템을 믿었고 사람을 중요시하고 육성하는 조직 문화를 믿었다. 열심히 해보겠다는 마음만 있으면 훈련을 시켜 훌륭한 조직원으로 키우겠다는 뜻이었다.

### 넷째, 가문을 보지 말아야 한다

집안이 너무 좋은 사람도 오래 가지 못한다. 카스트 제도에서 비롯되는 것인지 인도도 가문을 매우 중요하게 여기는 문화가 있다. 능력보다 집안의 계급 경제력을 중요하게 보는 것이다. 그러나 좋은 집안에서 자란 사람 가운데 참을성이 떨어지고 현재의 직장 생활에 전력투구하지 않는 모습을 많이 보았다. 직장 생활의 어려움을 극복하지 못하고 중도 하차하는 경우도 있었다.

### 다섯째, 인상도 중요하다

물론 인상이 전부는 아니다. 인상도 바뀐다. 그러나 인상이 나쁜 사람은 피했다. 직원 한명 한명이 우리 회사를 대표한다고 생각하면 인상도 중요한 것이다. 모든 사람은 자기 인상에 책임져야 한다는 말이 있듯이 인상은 그 사람의 생각을 나타낸다. 인도인이나 한국인이나 인상에서 느껴지는 것은 같다. 거만하게 느껴지면 그런 것이다. 오만하고 자기만 잘났다고 생각하는 것처럼 느껴지는 사람은 피해야 한다. 좋은 방법은 인사부서와, 직원을 필요로 하는 부서가 같이 검증하고 추천하는 사람을 최고 책임자가 인터뷰하는 방식이다. 나는 5분 인터뷰로 끝냈다. 인상이라든가 태도를 보는 것으로 역할을 국한했다. 그러나 밑에서 추천한 사람을 인상이 나쁘다고 거부한 경우는 10년 동안 단 한 번밖에 없었다.

**여섯째, 말할 때의 태도도 중요하다**

관리자는 더욱 그렇다. 무엇으로 자기를 표현하고 남을 이끌어 나가는가. '말'이다. 말 자체를 잘하고 못하고의 문제가 아니라 목소리라든가 조리 있게 대답하는 것을 중요하게 봤다. 그렇다고 밑에서 충분히 검토해서 올라 온 사람을 거부한 경우는 없었다. 인사부서에서 충분히 검증한 사람이라고 믿었기 때문이다. 처음에는 어눌했지만 일하면서 자신감을 갖게 되고 나중에는 훌륭한 관리자가 되는 경우도 많이 보았다. 나도 겸손해야 하는 것이다.

위와 같은 원칙들은 인도에서 체득한 것이다. 한국에서도 적용할 수 있다. 결론은 완벽한 사람은 없고 또 있어도 '이제 막 시작하는 어려운 회사에 100점짜리 인재가 오겠는가'라는 겸손한 마음을 가져야 좋은 사람을 고를 수 있다는 것이다. 함께 고생하면서 같이 커갈 수 있는 사람을 뽑아 그와 함께 회사를 만들어 나가는 것이다.


## 자체 훈련으로 우수한 인재 키우기


인도는 고등교육을 받은 인적 자원이 풍부하고, 특히 사무직 종사자의 자질이 우수하다. 영어를 잘하고 숫자에 강하다. 당연히 논리적이다. 이런 면을 나쁘게 보면 변명을 잘하고 절대 잘못을 인정하지 않는다고 혹평하기 십상이다. 하지만 이런 것은 장점이다. 이를 잘 활용하는 지혜가 필요하다.

　현장 근로자는 주어진 일을 규칙대로 잘한다. 요령을 피우지 않는다는 것이다. 이것도 나쁘게 이야기하는 사람은 '인도인은 시키지 않으면 일을 안 한다'라고 한다. 또 지켜보지 않으면 안 한다고도 하는데 자기 일처럼 할 수 있는 여건을 만들어주는 것이 우선이다. 노예처럼 부리면서 주인처럼 일하기를 바라는 사람이 어리석은 것이다. 생각을 달리 해야 한다.

　인도에 고급인력이 많은 이유는 높은 교육열 때문이다. 교육열은 한국에 못지않다. 잡일을 하면서 어렵게 사는 사람도 적은 수입을 쪼개 자식에게 과외 공부를 시킨다고 들었다. 정해진 신분을 탈출할 수 있는 유일한 길이 교육에 있다고 여기는 것이다.

　사무직 가운데 경리부서나 재정부서에는 공인회계사가 상당히 많았다. 변호사 자격 소지자도 많아 사내 법률 지원실에서 근무하는 직원은 전부 변호사였다. 또 세일즈나 마케팅부서에서 일하는 직원의 과반수가 마케팅석사학위(MBA) 소유자였다.

　현장 근로자의 경우 30% 정도는 영어를 잘하고, 30%는 보통, 30% 정도는 영어를 못한다. 현장 근로자를 위한 영어 학습 시간을 마련해주고 열심히 하는 사람에게는 매월 시상을 해서 격려했던 경험이 있다. 사무직원의 영어 실력은 우리보다 월등하게 낫다. 어휘력이 뛰어나다.

　엔지니어는 연간 200만 명이 배출된다. 이들 역시 기본 자질이 좋다. 이런 자질을 갖춘 현지인을 잘 교육시켜 주인의식을 가지고 일할 수 있도록 하는 회사 문화를 만드는 것이 중요하다.

## 슬기롭게 해결해야 할 노사 관계

노조문제는 인도의 많은 회사, 특히 오래된 회사들의 큰 고민거리 중의 하나다. 간단하게 말하면 '노조가 있어야 한다'는 생각이 나지 않도록 직원들에게 잘 해주는 것이 좋다. 아니면 인도 관공서와 협조를 잘해서 노조가 등록이 되지 않도록 해야 한다. 인도는 복수 노조가 허용된다. 그리고 노동자 몇 명이 간단하게 서류를 만들어 노동 관련 부서에 제출하면 본인 의사 확인 후 쉽게 등록해준다. 몇 년 전 북쪽에 있는 뉴델리 공장에서 몇 명이 관공서에 노조 설립 신청서를 제출한 적이 있는데 관공서의 연락을 받고 개별적으로 접촉해 신청을 취소하도록 한 일이 있다. 관공서와 유기적인 협조 관계가 이뤄지지 않은 탓에 서류 접수 사실도 모르고 있다가 노조가 결성되는 바람에 곤욕을 치른 한국 업체가 있었다. 한국에서 우리와 협력 관계에 있던 회사였다. 하지만 이 업체가 인도에 진출한 뒤 상황을 자세히 조사해보니 근무환경이 형편없이 열악했다. 노조가 생길 여지가 충분했다.

현장 근로자의 관리 감독은 반드시 인도인 스스로 하도록 하는 것이 중요하다. 감독자가 현지인이 되어야 한다는 것이다. 한국인이 인도 사람을 관리 감독하다보면 여러 가지 문제가 발생할 소지가 있다. 바람직하지 않다. 기업의 목적이 무엇인가. 우리가 잘살자는 것이다. '우리'에는 직원이 가장 중요한 첫째로 포함된다. 그 직원이 한국인이냐, 현지인이냐를 따져서는 성공할 수 없다. 노조가 필요 없을 정도의 만족스러운 근무환경을 만들어주는 것이 중요하다.

### 노사문제로 혼난 '혼다'

2005년에는 일본 자동차 기업인 혼다에서 대규모 노사분쟁이 일어나 경찰이 동원되고 주지사가 개입하는 사태가 있었다. 일본인 관리자와 인도 근로자가 충돌, 파업에 들어간 인도 근로자들이 공장 앞 도로에서 불을 지르는 등 과격 시위를 벌였다. 일본대사가 항의성명을 발표할 정도로 사태가 심각했다. 외국 기업이 겪을 수 있는 전형적인 노사분규 사례였다. 인도의 경우 한국과 다른 점은 노조를 결성하려는 시도가 사무 관리직 또는 외부에서 출발한다는 것이다. 현장 근로자의 수준이 낮다보니 그들 스스로 무엇을 주동하는 경우는 많지 않았다. 우리 회사는 북쪽 뉴델리와 동쪽 뭄바이 인근 푸네에 각각 공장을 운영했는데 푸네 쪽이 노조문제가 훨씬 심한 지역이라 북쪽과는 다른 정책이 필요했다. 인사팀은 현장 근로자 수준을 전문대 이상으로 높여 노조 결성 의지를 줄이는 전략을 택했다. 결과적으로 큰 문제없이 잘 관리되었다.

## 대표는 한국인, 마케팅 책임자는 현지인이 최적의 조합

적극적으로 현지화를 하되 현지 대표는 본사의 방향을 정확하게 알고 원활하게 협조할 수 있는 본사 사람이 맡는 것이 바람직하다. 단 한국에서 온 대표는 열린 마음을 가진 인사여야 한다는 전제 조건이 있다. 세계화에 익숙한 사람이어야 한다는 뜻이다. 그의 철학이 조직 문화의 가장 중요한 골격이 되기 때문이다.

이른바 가교역할, 고리 역할을 해야 할 현지 법인 대표를 성급하게 현지인으로 쓸 경우 실패할 확률이 높다. 한국인 대표가 회사 경영 전체를 관리하고, 현지인은 마케팅 책임자로 활용해 한국과 인도의 장점을 접목하는 것이 성공의 핵심이다. 100% 한국이 투자한 회사라도 한국인과 인도인이 합작해서 운영하는 것이라고 생각해야 한다. 한국의 기술과 새로운 경영기법, 그리고 인도인의 창의력과 실행력을 조합하는 것이다.

이때 중요한 것은 한국 직원과 현지 직원의 조화다. 주의해야 할 일은 한국 직원은 현지 책임자가 적절한 결정을 하고 효과적으로 실행하도록 돕는 것으로 역할을 제한하는 것이다. 한국 직원이 사사건건 결정과 실행에 간섭하면 현지 책임자와 직원의 책임이 불분명해질뿐더러 현지인의 의욕과 창의성을 해친다.


## 인도인에게 평생직장은 없다

인도에서 현장 근로자의 이직은 거의 없으나 관리직, 사무직, 연구직, 판매담당 직원 등 화이트칼라의 이직률은 높다. 회사 전체로 보면 이직률이 10% 정도지만 사무직, 연구직만을 놓고 보면 20%에 가깝다. 인도에 진출하는 외국 회사가 늘어나면서 새로운 고용의 기회도 급속도로 늘고 있다. 이런 상황에서 재취업의 기회가 많기 때문에 성과가 나쁜 직원의 권고사직이 쉽다는 점은 긍정적이다.

인도인들에게는 평생직장의 개념이 없다. 자기 계발을 위해 이곳저곳으로 옮기는 것을 당연하고 좋다고 생각하는 면이 있다. 따라서 잘 한다고 한 사람에게 의지하는 것은 굉장히 위험한 인사 관리 방법이다. 항상 철저하게 상호 경쟁하도록 조직을 운영해야 한다.

더 좋은 직장을 찾는다고 자발적으로 나갔다가 다시 돌아오는 경우도 있다. 처음에는 수용하지 않았으나 받아들이기로 해 많은 사람이 다시 돌아왔다. 그러나 몇 년을 두고 보면 역시 한 번 나갔던 사람이 다시 나가는 확률이 훨씬 높은 것을 발견할 수 있었다.

인도 직원의 충성심에 대해서는 높은 점수를 준다. 그러나 한국식 충성을 기대하는 것은 잘못이다. 회사가 기회를 주고 미래에 대한 비전을 보여줄 때 직원들은 열심히 일하고 회사에 충성하는 것이다. 그리고 이들은 더 좋은 기회가 있을 때 주저 없이 옮긴다. 인도인이 직장을 고를 때는 배울 점이 있는 회사, 그리고 자기를 계발할 수 있는 기회를 주는 회사를 가장 중요시한다. 우리 한국보다 직장을 보는 눈이 오히려 앞서 있는 것이다.


## 세계에서 통하는 인도 인재

세계화 전략을 실행할 때 인도인을 잘 활용하면 우리의 약점을

크게 보완할 수 있다. 영어를 잘하고, 어려운 환경에서 살아 어딜 가
든 적응을 잘하는 인도인의 장점은 우리와 상호 보완관계를 이루는
귀중한 자산이기 때문이다.

한국 본사에서 인도의 연구개발 기술자를 많이 활용하고 있는 것
이나, 폴란드 공장에 보낸 인도 관리요원이 몇 년씩 주도적으로 잘
적응하고 있는 것 등이 좋은 예가 된다. 또한 아프리카 영업에 인도
인을 적극 활용한 것도 반응이 좋았다. 한국 직원은 파견에 대한 거
부감이 있고 안전에도 문제가 있어 자질이 뛰어난 인도인을 아프리
카 국가에 영업요원으로 투입한 것이다. 이때 인도 법인이 아프리카
국가의 지사에서 필요로 하는 인원의 배를 뽑아서 담당 한국인 책임
자가 직접 인터뷰하고 선발하는 절차를 거쳐 윈-윈 할 수 있었다.

해외사업에서 성공 경험이 있는 유능한 인재를 많이 확보하는 것
이 얼마나 중요한지는 설명할 필요가 없겠다.

# 인도인을 믿고 인도인에게 맡겨라

나는 인도인이 자질도 우수하고 충성심이 강하며 성실하다고 평가한다. 물론 정반대로 생각하는 사람도 많다. 그러나 유무상통(有無相通: 있는 것과 없는 것은 서로 융통함), 화복동문(禍福同門: 화나 복은 모두 자신이 불러들인다)이다. 똑같은 사람도 어떤 생각으로 어떻게 대하느냐에 따라 천사가 될 수 있고 악마가 될 수 있다.

인도에서 '열린 마음(Openness)'과 '혁신(Innovation)', 그리고 '동반자정신(Partnership)'을 슬로건으로 내세웠다. 서울 본사의 철학과 신념이었다. 이를 그대로 교육하고 실천했다. 이 가운데 '열린 마음'이 가장 중요한 기본이라고 생각한다. '열린 마음' 없이 어떻게 혁신이 가능하겠는가. 혁신은 현재를 부정하고 새로운 것을 추구하는 것이다. 지금이 오로지 옳다고 여기는 닫힌 마음으로는 혁신이 가능하지 않다. 창조적인 사고도 나오지 않는다. 이웃을 생각하는 파트너십도 '열린 마음'이 있어야 비로소 가능하다. '열린 마음'이 있을 때 한국인이라는 울타리를 넘어 인도 현지 직원을 진정한 동료로 받아들일 수 있다. 이것이 없으면 아무 것도 이야기할 수 없고, 앞으로 나아갈 수도 없다.

이 벽을 뛰어 넘지 못해 같이 일하는 인도 직원을 불신하고 이등국민으로 취급하는 한국 주재원들이 많다. 이래서야 진정한 파트너십이 이뤄지겠는가. 그러면 현지인들은 진심에서 우러나오는 창의력을 발휘하지도 못한다.

인도인이라고 우리와 완전히 다른 사람일 리가 없다. 기본적인 철학이 판이할 수도 없다. 인도는 우리와 같은 아시아에 속해 있고, 익숙한 불교와 힌두교 문화를 가지고 있다.

이런 인도에서 어떻게 열린 문화를 만들어 직원이 주인의식과 책임감을 가지고 정해진 목표를 성취하도록 할 것인지, 그리고 창의력을 마음껏 발휘하는 1등 기업으로 만들 것인지가 숙제였다. 스스로 찾은 해답은 '믿고 맡기는 경영(Empowerment)'이었다. 믿고 맡기는 위임경영이 주인의식을 가져오고, 주인의식이 경쟁에서 가장 중요한 창의력과 책임감을 만들어 최고의 성과를 가져온다는 것이다.

이에 대해 많은 사람들은 "'믿고 맡기는 경영'이 좋다는 총론에는 찬성하지만 과연 인도 직원을 믿을 수 있는가"라고 물었다. 믿음이 먼저일까, 자질이 먼저일까? 믿음이 먼저다. 믿고 맡길 때 직원은 성장한다. 윗사람이 자신을 믿는지 그렇지 않은지는 금방 안다. 믿음은, 그리고 인간적인 신뢰는 상대방을 움직이는 가장 훌륭한 철학이자 가장 강력한 도구다. 조금 부족한 사람이라 해도 주위에서 그를 믿어주면 스스로 새로운 힘과 용기를 낸다. 내 경험에 따르면 직원들은 믿어줄 때 두 배 이상의 능력을 발휘했다.

처음 우리 회사에 들어왔을 때는 두려움과 어색함으로 어눌해 보이던 사람이 점차 믿고 맡기는 분위기에 적응하면서 자신감을 갖고 용기 있게 자신의 의견을 발표하고 조직을 이끌어가는 것을 볼 수 있었다. 물론 믿고 맡긴다고 모든 것을 개인 능력에 의지하는 것이 아니다. 이는 어처구니없는 일이다. 좋은 시스템을 만들어 지원하고 관리해야 개인이 갖고 있는 약점이 보완되고 최고의 능력을 발휘할 수 있다. 훌륭한 관리 시스템 확보가 '믿고 맡기는 경영'의 전제조건인 것이다.

그렇다면 어떻게 하는 것이 '믿고 맡기는 경영'인가. 그리고 이를 위해 필요한 것은 무엇인가.

**첫째, 인도인 직원이 스스로 결정하도록 하는 것이다**

사람은 스스로 결정한 일에 훨씬 더 큰 책임감과 일의 보람을 느낀다. '믿고 맡기는 경영'에서 윗사람은 상의하고 조언해주는 존재다. 일방적으로 결정하고 지시하는 사람이 아니다. 모든 회의는 현지인 중심으로 한다. 현지인이 발표하도록 한 후 그들의 의견 중에 선택, 결정하도록 해야 한다. 자료를 만드는 과정에서 한국인 책임자나 한국인 직원의 도움을 받더라도 발표는 현지인이 하도록 해야 그 프로젝트를 자신의 프로젝트로 인식해 책임감을 느끼고 주인의식을 갖게 된다. 프레젠테이션을 통해 자신의 의견을 정리하면서 자신이 누구인지 나타내기 때문이다. 프레젠테이션 기회를 현지인에게 주는 것이 그들이 결정에 참여하도록 하는 것이다.

### 둘째, 기다려주는 것이다

인내심이 필요하다. 한국 사람은 단기적인 효율성과 생산성을 중시하다보니, 바로 결정하고 구체적으로 지시하는 경우가 많다. 기다리지 못한다. 그러면 직원은 스스로 결정하고 실행할 수 있는 기회를 잃게 된다. 처음에는 서투르고 더딜 수 있으나 점차 익숙해지면서 주인의식과 책임감을 갖게 되고 창의력을 발휘하게 된다. 그러면 회사도 보람차고 즐거운 직장이 되는 것이다.

인도에서의 성공은 인도 직원이 이룩했지만 이들이 처음부터 우수한 인재는 아니었다. 보통의 인재를 뽑아 함께 커 나갔다. 100점짜리 인재가 어디에서 기다리고 있겠는가. 심성이 좋은 사람을 뽑아 믿고 맡기는 경영을 통해 자신감을 키워줬다. 그리고 이들에게는 책임감을 가지고 목표를 달성하는 주인의식이 생겼다. 이 과정에는 시간과 시행착오가 필요하다. 기다릴 줄 아는 자가 좋은 열매를 얻을 수 있다.

### 셋째, 배울 기회를 주는 것이다

잘못을 꾸짖고 불평하기 전에 배울 기회를 먼저 줘야 한다. 우리 회사는 수많은 직원들에게 한국이나 중국, 인도네시아, 태국, 터키 등 먼저 생긴 공장이나 시장을 방문할 기회를 줬다. 매년 100명 이상의 직원을 해외 공장이나 시장에 보내 스스로 배울 수 있도록 했다. 이는 직원의 자질 향상에 절대적으로 좋은 영향을 미쳤다. 남다른 시도였다고 자부한다. 인도에 있는 대부분의 회사들은 해외 연수, 해외 공장이나 시장 방문과 같은 해외 출장에 인색하다. 이런 현상은 바람직하지 않다. 여행을 통해 사람이 성장하듯 다른 시장, 다른 공장을 직접 보면서 크게 배울 수 있기 때문이다. 이런 결정도 긍정적인, 그리고 낙관적인 마음이 있어야 가능하다. 그렇지 않으면 '나가서 뭐를 배우겠는가' 또는 '가르쳐 놓으면 나갈 텐데' 하고 부정적으로 생각하기 쉽다. 인도에 진출한 많은 회사들의 마인드가 그렇지 않을까. 다시 말하면 보통 사람을 뽑아 훌륭한 직원으로 훈련시켜 주인으로 만드는 것이다. 교육과 훈련이 중요한 이유다.

**넷째, 결과를 중시하되 과정에 많은 자유를 주는 것이다**

결과를 어떻게 합리적으로 평가하느냐가 중요하다. 평가는 숫자로 해야 한다. 무엇이든 연초에 구체적인 수치로 목표를 세워 매월 평가해 내부 경쟁을 통해 성장하도록 해야 한다. 양과 질을 동시에 숫자로 평가해야 한다. 질적인 부분도 얼마든지 수치로 목표를 세워 평가할 수 있다. 이렇게 분명한 결과 중심, 숫자 중심이 될 때 과정에 많은 자유를 줄 수 있다. 과정에 자유가 많을 때 주인의식이 생기고 창의성이 발휘된다. 대부분의 회사가 그리고 관리자들이 결과는 결과대로 혹독하게 평가하면서 과정에 개입하고 간섭하는 경우가 많다. 하지만 과정에 간섭하면 결과에 대한 책임이 모호해진다. 윗사람이 그렇게 하라고 해서 그런 결과가 나왔다고 생각하기 때문이다. 윗사람이 잔소리가 많으면 좋지 않다.

인도 직원들도 결과는 분명하게 책임지고 과정은 자유로운 것을 결과에 책임지지 않고 과정이 자유롭지 않은 것보다 훨씬 좋아했다. 똑똑한 인도인이 책임을 회피하지 못하게 하는 방법도 결국은 철저한 위임경영이다. 인도 사람뿐만 아니라 모든 사람이 책임을 지더라도 무한한 자유를 갖기를 원하지 않을까.

**다섯째, 실수를 용서해주고 잘못을 포용하는 회사 문화를 정착시키는 것이다**

경영은 결국 인간이 하는 것이다. 아무리 결과 위주로 한다고 해도 사업에는 변수가 많다. 관용과 포용으로 다시 기회를 주는 문화가 정착된 회사가 인간적인 회사다. 구체적인 수치로 꼼꼼하게 따지는 경영으로 인해 삭막해질 수 있는 회사가 활기 있고 도전적인 조직이 될 수 있는 것은 실수를 두려워하지 않는 구성원의 자세에서 나온다. 인도 사람들은 잘못을 순순히 인정하지 않는다는 말이 있다. 우리 회사는 그렇지 않았다. 순순히 그리고 용기 있게 자기가 잘못한 것은 잘못했다고 인정했다. 이를 두고 인도인 관리자는 우리 조직에서만 볼 수 있는 특이한 현상이라고 했다. 이는 자기 잘못을 빨리 인정하는 사람을 똑똑한 사람으로 인정하는 문화가 정착되었기 때문이다.

**여섯째, 보스가 결정하기 전 부서 간 사전 협의를 중요시하는 것이다**

이른바 풀뿌리 경영(Grassroots Management) 또는 한 사람의 판단보다 집단의 지혜(Group Intelligence)를 더 중요시하는 철학이다. 위에서 아래로의 권한 위임도 중요하지만 부서 간 견제와 균형을 통한 발전적 합의도 중요하다. 한 부서의 의견만 듣고 윗사람이 결정해버리면 나머지 관련 부서가 좋은 아이디어나 다른 의견을 낼 기회를 잃어버린다. 그리고 다른 부서들은 그 결정에 참여하지 않았기 때문에 소외당했다고 생각하고, 나중에 결정을 실행하는 데 소극적일 수밖에 없다. 윗사람이 지나치게 적극적이면 득보다 실이 많다. 한 발 물러서서 관련 부서가 협의와 조정을 할 수 있도록 기회를 주는 것이 중요하다. 많은 조직원이 흔쾌히 참여하는 경영(Crowd Wisdom)이 창의력을 발휘하게 하고 주인의식을 갖게 한다. 그리고 힘 있는 실천, 이기는 경영으로 이어진다.

영업 정책을 결정할 때 영업부서에서 신속하게 하려고 자기들 부서에서 협의한 뒤 결재를 받으러 오는 경우가 많았다. 결재를 하기 전 영업, 관리, 기획부서와 협의했는지 물었다. 하지 않았으면 협의를 거치도록 했다. 이렇게 하면 모든 관련 부서가 결정에 참여하고 그들의 의견도 반영된다고 생각한다. 그러면 실행하는 데 힘이 붙는다. 인도 관리자들은 우리 조직 대부분의 결정이 밑에서 이뤄지는 것이 강점이라고 했다.

직원을 채용할 때도 반드시 원하는 부서와 인사부서가 필요성, 예산 내에서 가능한지 여부 등을 토론을 통해 협의하도록 했다. 나의 일방적인 결정이 되지 않도록 하기 위해서였다. 단도직입적으로 신속하게, 그리고 칼로 베듯 시원하게 결정하는 것이 과감한 리더라고 생각하는 경우가 많다. 그러나 관련 부서가 먼저 스스로 결정할 수 있도록 여유를 가지고 기다릴 줄 아는 것도 용기 있는 행동이다.

물론 중요한 사안을 처리해야 하는데 회의만 하느라 시간을 보낼 수는 없다. 이렇게 쉽사리 결론을 내지 못하면 다음날 아침 9시까지 합의해서 발표하라는 식으로 은근히 절충을 강요하기도 했다. 협의와 협상이 아무리 중요해도 어떤 시한 속에서 이뤄져야 하고 행동해야 하기 때문이다. 신속성이라는 또 다른 중요한 원칙이 훼손되어서는 안 된다.

### 일곱째, 직원과 끊임없이 대화해야 한다

10년 동안 거의 빠짐없이 직원들과 토요일 점심 미팅을 가졌다. 토요일도 쉬는 첫째, 셋째 주에는 금요일에 했다. 피자를 먹으면서 했기 때문에 '피자 미팅(Pizza Meeting)'으로 불렀다. 20명 내외의 부서원과 관리자가 참석했고 이들은 평소에 하고 싶었던 이야기, 건의 사항 등을 자유롭게 밝혔다. 인도 현지 직원들은 상급자의 눈치를 보지 않고 거침없이 이야기를 잘했다. 부서별로 돌아가면서 하다 보니 직원들은 대개 3~4개월에 한 번씩 최고 책임자인 나와 직접 이야기할 수 있는 기회가 있었던 셈이다.

이 자리에서 좋은 제안이 많이 나왔다. 한 번은 사내 식당에서 나오는 음식의 질에 대해 물었더니 반응이 썩 좋지 않았다. 이유는 인도인들이 카레와 함께 즐겨 먹는 빵인 '난'이 식어서 나와 맛이 없다는 것이다. 화덕에서 만드는 넓적한 모양의 난은 뜨거울 때 먹어야 맛이 있다. 구내식당에서 많은 사람에게, 그것도 짧은 시간에 급식해야 하기 때문에 미리 만들어 보관하다보니 직원들이 막상 빵을 받았을 때는 식어버려 제 맛이 나지 않았던 것이다. 이 말을 듣고 즉시 보관대를 개조해서 빵이 뜨겁게 유지되도록 했다. 더 이상 빵 맛을 두고 불평이 나오지 않았다.

업무에 관한 불만도 털어놓으면 해결해주도록 노력했다. 직원들이 이런 대화의 자리를 통해 회사대표와 토론할 수 있다는 것 자체로 자부심을 가질 수 있을 것으로 기대했다.

**여덟째, 직원에게 최고의 복리후생을 제공하는 것은 기본이다**

인도에서는 아침을 거르고 출근하는 직원이 많았다. 이들을 위해 빵과 음료를 제공하도록 했다. 인도 회사 가운데 이렇게 하는 회사는 거의 없었다. 돈이 많이 드는 일은 아니었으나 진정으로 직원을 위하고 생각하는 회사라는 인식을 심어줄 수 있었다. 점심도 대부분의 인도 공장은 그 비용을 회사와 직원이 분담한다. 우리는 회사가 전액을 부담했다. 좋은 음식이 질 높은 노동을 낳는다고 생각했기 때문이다. 요즘 구글이 직원과 방문객을 위해 좋은 음식을 제공하는 회사로 유명한데, 어떻게 하면 직원의 업무 의욕과 사기를 높일 수 있는지 보여주는 좋은 사례다.

기업을 왜 운영하는가. 주주의 이익을 위해, 그리고 사회에 기여하기 위해? 다 맞는 말이다. 그러나 직원의 만족, 직원의 주인의식 없이는 불가능한 일들이다. 진심으로 직원을 위하고 배려하는 마음 없이 좋은 성과를 낼 수 없다. 많은 회사들이 실적을 올리고 목표를 달성하기 위해 직원들을 독려한다. 그러면서 직원에게 인색하게 대한다. 이치에 맞지 않는 일이다. 주인인 직원을 인색하게 대접하면서 회사를 위해 모든 것을 바치라고 할 수 있겠는가. 직원에게 최상의 복리후생을 제공하는 것이 기업의 목적이자 실적 향상을 위한 가장 좋은 방법이다. '직원을 위한, 직원에 의한, 직원의 회사'가 되어야 시장에서 1등을 할 수 있다는 것이 나의 확고한 신념이다.

## 거창한 혁신 구호보다 사소한 배려가 중요하다

10분간의 휴식 시간에 제공하는 스낵에도 신경을 썼다. 처음에는 수량을 제한했으나 얼마 후 원하는 만큼 가져가도록 했다. 그런데 가만히 보니 또 다른 문제가 있었다. 그 짧은 휴식 시간에 차와 함께 스낵도 즐기고, 화장실도 가야 하고, 잠깐 쉬기도 해야 하는데 스낵을 받으려고 기다리느라 시간을 다 보내는 것이었다. 급식대를 늘렸다. 간식 기다리는 시간을 조금이라도 줄여주기 위해서였다. 이렇게 사소해 보이는 일을 배려하는 것이 거창한 혁신 구호를 내거는 것보다 더 중요하다고 생각했다. 직원들의 복리후생을 위해 무엇을 개선할까 항상 연구하고 실행하려고 노력했다. 그래서 '직원을 위한, 직원의 회사'를 만드는 것이 회사 철학이라는 사실을 피부로 느끼도록 했다.

# 열린 경영으로 세계를 경영하라

혁신, 열린 마음, 동반자 정신 가운데 '열린 마음'이 제일 중요하다고 앞에서 강조했다. 열린 마음이 혁신, 협업 등 모든 일의 근본이라고 보기 때문이다. 세계화에 성공하기 위해서도 열린 마음은 필수다. 한 사람의 생각보다 두 사람의 생각이 더 창의적일 수 있고, 한국 사람끼리 하는 토론보다 외국인과 나누는 토론이 훨씬 다양하고 창의적인 생각을 창출할 수 있다는 넓은 마음을 가져야 한다. 그렇다면 열린 경영은 무엇인가. 어떻게 하는 것이 열린 경영의 바람직한 모습이라고 할 수 있는가.

**첫째, 나만 그리고 한 가지만 옳다는 생각을 버려야 한다**

다양한 가능성을 열어두면서, 나와 다르더라도 그것이 좀 더 가치 있는 것일 수 있다는 생각을 해야 한다. 조직도 구성원이 다양하면 더 건강하고 활기가 넘친다.

공장을 예로 들어보자. 내 공장에서만 잘 만들 수 있다고 고집하기보다 남이 더 잘 만들 수 있다고 인정하는 것이다. 반드시 큰 공장이 작은 공장보다 더 잘 만들지는 않는다. 작은 공장이 오히려 더 잘할 수 있다. 우리 회사가 인도에 주 공장(Main Factory) 두 개를 운영하는 것을 두고 비판하는 식으로 말하는 사람들이 있었다. 하나로 통합해 규모를 크게 하면 효율성이나 생산성이 더 높아지지 않느냐는 주장이었다. 그러나 이들은 북쪽 공장과 1,200km 떨어진 남쪽에 또 다른 공장을 운영하면 다양한 직원들이 만든 제품으로 다양한 지역의 다양한 고객을 상대하는 데 훨씬 나을 수 있다는 생각을 하지 못하는 것이다. 경제성 물류 등을 고려하지 않더라도 말이다.

물론 두 공장이 멀리 떨어져 있다 보니 여러 가지 불편하거나 나쁜 점도 있게 마련이다. 두 곳에서 같은 부품을 중복해서 개발하기도 하고 혁신 활동을 서로 다르게 해석하는 부작용도 있었다. 그러나 바로 그렇게 다른 생각으로 서로 선의의 경쟁을 할 수 있고, 서로 배우면서 보완할 수 있다는 등의 장점도 많다. 부작용만 크게 부각해서 평가하는 태도는 다양성의 장점을 제대로 알지 못하는 것이다. 획일적이고 일사불란한 것만 좋다는 고루한 사고에서 비롯되는 것이다. 이런 이야기를 들으면 오히려 안타까웠다. 인도에서 주 공장 이외에 13개의 외주 공장에서 완제품을 만드는 외국계 회사(Multi National Company: MNC)는 우리 회사밖에 없었을 것이다. 이런 외주 공장을 활용해서 2~3%의 추가 이익을 얻을 수 있었다. 그런데 또 이를 두고 인도 공장은 자체의 혁신이 아닌 외주 공장을 통한 이익이 큰 부분을 차지한다는 비난도 있었다. 난센스다.

**둘째, 다른 생각을 수용하는 용기가 있어야 한다**

직원들이 직접 찾아와 제안도 하고 불만을 호소하는 일도 많았다. 그 자리에서는 안 된다고 했다가 며칠 지나 내 생각, 내 판단이 틀렸다는 것을 발견하는 경우도 종종 있었다. 그런 때는 전화로 또는 직접 불러서 내 생각보다 당신 생각이 좋은 것 같다고 인정했다. 내가 틀렸음을 솔직하게 밝히는 것이다. 그 직원이 얼마나 흐뭇했겠는가. 나 스스로도 더 나은 의견을 채택할 수 있어 기쁜 것이다. 내 생각을 바꾸는 일은 자존심과는 전혀 관계없는 아량의 문제다. 합리적인 결정이 중요하지 그 생각이 누구 것이냐는 문제되지 않는다. 의견의 주인을 밝히는 것보다 생산적이고 회사에 가장 도움이 되는 생각이나 방법을 찾는 합리적인 사람, 합리적인 조직이 되어야 시장에서 1등을 할 수 있다.

**셋째, 직원 한 사람 한 사람을 존중해야 한다**

직원 만족도를 조사해보면 가장 중요하게 여기는 것이 일의 보람이다. 급여, 안정된 직장 등은 그 다음이다. 직원 한명 한명의 개성과 자율이 존중되는 곳이 정말 재미있는 직장, 창의력이 발휘되는 생산적인 직장이 된다. 회의할 때 발표는 되도록이면 자료를 작성한 사람이 직접 하도록 했다. 또 늘 발표하는 사람보다는 새로운 사람에게 발표 기회를 주도록 유도했다. 발표를 통해 주인의식과 책임감을 갖게 된다고 믿었기 때문이다. 대부분의 회사는 누가 발표 자료를 작성하든 책임자가 발표하도록 제한한다. 이는 닫힌 회사(Closed Company)다. 어떤 학자가 훌륭한 조직은 합의와 타협을 빨리 하는 조직이 아니고 불일치와 내부 경쟁이 있고 개인들의 별난 생각이 존중되는 조직이라고 했다. 옳은 말이다. 개성이 존중되고 자율이 보장되는 조직이 그렇지 않은 조직보다 생산성이 4배나 높다는 연구보고서도 있다. 경제 자원 중 가장 가치 있는 것이 창의성이라고 한다. 열정적인 괴짜가 새로운 가치를 창조한다.

**넷째, 스스로에게 엄격하고 타인에게는 관대해지는 것이다**

스스로에게는 100을, 상대방에게는 70을 요구해야 상대방을 이해하고 또 그의 잘못을 용서할 수 있다. 보통 사람들은 자기 자신에게는 너그럽지만 상대방은 엄격하게 판단하기 쉽다. 잘못되기 십상이다. 한국 사람 자신도 부족한 점이 많으면서 인도 사람을 가혹하게, 그리고 엄격하게 판단하며 불만스러워하는 경우가 많다.

오랫동안 인도 기업인들과 거래하면서 그들의 장점을 많이 봤다. 검소하고 소박하며 가족 간 우의가 돈독하다. 3대가 모여 살면서 함께 장사하는 가족 중심의 사회이고 해외에 나가 돈을 벌면 매달 형편이 어려운 집으로 돈을 부친다. 우리의 어려웠던 시절과 다름없다. 진실하기도 하다.

반면 단점은 이야기하라면 별로 생각나는 게 없다. 10년을 함께 근무한 인도 현지 직원들도 마찬가지다. 아량이 있어야 믿을 수 있다. 관용의 정신이 있어야 상대방에 대해 긍정적인 태도를 가질 수 있는 것이다.

인도 진출 첫해인 1997년 10월에 있었던 일이다. 당시 18개 지사 책임자들이 참석한 회의에서 몇몇 지사장을 꾸짖었다. 판매 실적은 좋지만 판매 대금 회수가 제대로 되지 않았기 때문이다. 판매는 대금 회수가 생명이라는 생각이었다. 그날 저녁 식사 자리를 가졌는데 지사장들이 모두 참석했다가 슬금슬금 한두 명씩 사라졌다. 일종의 반항이었다. 영업총괄 부사장에게만 심하게 불만을 토로하고 귀가했는데 그날 밤 한 명씩 사과 전화를 해왔다. 그래서 다음날부터 다시는 이 문제를 거론하지 않았다. 이후에는 까맣게 잊어버렸다. 하지만 인도 관리자들은 이 사건은 물론, 이후 10년 동안 여러 불미스러운 일이 많았음에도 불구하고 그때마다 용서하고 다시 그 일들을 끄집어내지 않는 것을 보고 놀랐다고 했다. 이런 일들이 있으면 이전같이 신뢰하고 포용하기가 쉽지 않다는 것이다. 사람은 누구나 잘못할 수 있다. 나 또한 그렇다. 다만 진정한 리더는 포용하는 용기가 있어야 한다. 용서와 관용이 없는 조직은 활기가 없고 도전적으로 될 수 없다. 덕장 밑에 용맹한 병사가 나온다는 사실을 10년 인도 기업 활동을 통해 수없이 확인했다.

### 다섯째, 고정관념을 버리는 것이다

요즘은 회사 최고 책임자(Chief Executive Officer)를 회사 파괴 책임자(Chief Destruction Officer)라고도 한다. 고정관념과 관행을 파괴하고 새로운 창조에 전념해야 한다는 것을 역설적으로 이르는 말이다.

중소기업의 생산성이 대기업보다 훨씬 높을 수 있다. 작은 것이 아름답다. 회사는 크되 조직은 항상 작게 운영하려고 노력했다. 인도에서 강조했던 말 가운데 하나가 '우리는 헤어져야 산다'는 것이었다. 작은 조직은 쉽게 변할 수 있다. 다른 회사가 큰 대리점, 큰 거래업체를 선호할 때 우리는 작은 거래처, 작은 대리점을 개발하고 육성했다. 일은 훨씬 많았으나 더 튼튼한 판매망을 확보할 수 있었다. 이런 판매망을 구축한 것이 1등의 비결이었다. 경쟁자가 쉽게 따라 할 수 없는 것이었다.

인도 사람들은 잡초가 키가 큰 코코넛 나무보다 가뭄에 더 강하다는 말을 한다. 죽은 것 같지만 다시 살아난다는 것이다. 마찬가지로 경영은 흑백이 아니고 회색인 경우가 많다. 유연하게 사고해야 살아 있는 시장에 대응할 수 있다.

### 여섯째, 협업이 곧 경쟁력을 올리는 길이다

세계적으로 유명한 온라인 백과사전 위키피디아를 설립한 지미 웨일스(Jimmy Wales)가 한국을 방문했을 때 "21세기에는 개방과 협업을 잘하는 회사가 경쟁에서 살아남을 수 있다"라고 했다. 올바른 전망이라고 본다. 내 장점과 다른 이의 장점을 잘 조합시킬 수 있는 사람이 강해진다. 기업도 그렇다.

우리 회사는 텔레비전을 인도에서 직접 생산하는 방식으로 시장에서 1등을 했다. 그러나 중요한 공정이라 할 수 있는 기판(Printed Circuit Board)에 부품을 자동으로 삽입하는 작업을 하는 기계(Auto Insertion Machine)는 한 대도 없었다. 이 기계를 수십 대씩 두고 있는 회사도 있으나 우리는 전부 외부 공장에 의존했다. 그런 공정만 전문으로 하는 작은 회사가 큰 회사인 우리보다 관리도 수월하고 생산성도 높았기 때문이다. 내가 직접 해야 제일 잘 할 수 있다는 생각은 일차방정식을 잘 푸는 사람의 수준이다. 남이 더 잘 할 수 있다는 생각으로 남을 잘 활용할 줄 아는 사람이 훌륭한 관리자가 된다.

### 일곱째, 사회에 공헌해야 한다

어느 철학자가 행복한 삶은 선한 삶이라 했다. 사회에 봉사할 줄 모르는 기업은 즐거운 직장, 행복한 조직이 될 수 없다. 우리만 잘 먹고 잘살겠다고 생각한다면 주위의 그리고 사회의 지원을 받을 수 없을 것이다. 가장 윤리적인 기업이 1등 기업이 될 수 있다. 어려운 인도 사회에 뭔가 공헌하기 위해 노력했다. 지사에 예산을 주고 꾸준히 사회봉사활동을 하도록 한 이유도 거기에 있다.

### 여덟째, 검소하고 겸손해야 한다

생각과 행동이 소박해야 한다. 외양에 신경을 많이 쓰는 회사는 망한다. 실속 있는 회사가 되어야 하는 것이다. 직원의 후생복리를 위해서는 과감하게 지원하되 쓸데없는 겉치레를 위한 경비는 철저하게 아껴야 직원의 신뢰를 얻을 수 있다. 규모가 큰 미팅이나 컨퍼

런스를 많이 열었어도 요란한 현수막이나 플래카드는 절대 사절이었다. 발표 자료는 짧을수록, 참가자는 적을수록 좋다는 생각이었다. 모든 조직원이 아주 실질적인 생각을 갖도록 했다. 컨퍼런스도 일방적으로 발표하고 듣기보다는 몇 개 그룹으로 나누어 서로 토론해서 결론을 발표하는 모두가 참여하는 회의가 되도록 했고, 40여 개나 되는 지사의 장(長) 회의를 하루 만에 효율적으로 마칠 수 있도록 했다. 생산적인 회의를 최고의 가치로 삼았다.

인도에 처음 왔을 때, 여기서는 보통 회사 최고 책임자가 명함에 개인 휴대전화 번호나 전자메일 주소를 표시하지 않는다고 했다. 그 이유는 나중에 깨달았다. 휴일이고 밤이고 가리지 않고 휴대전화로 애프터서비스 문제라든가 대리점의 불만을 이야기하기 일쑤였다. 어떤 때는 10여 분씩 일방적으로 불만을 터뜨리는 경우도 있었다. 싫은 내색을 하지 않고 전부 들어줬다. 그리고 관련 부서에서 5분 이내로 불만 접수를 확인해주도록 했다. 이런 불만의 소리를 듣는 것이 나의 의무라고 여겼기 때문이다. 이런 노력으로 소비자의 신뢰를, 대리점의 믿음을 얻을 수 있었다.

**아홉째, 리더는 성숙한 영어로 소통할 수 있어야 한다**

오랫동안 많은 국가에서 기업을 해본 경험에 비추어볼 때 다국적 기업의 언어는 영어가 바람직하다고 본다. 인도에서든, 중국, 브라질, 독일에서든 영어가 기업과 조직의 언어가 되어야 하는 것이다. 많은 한국 기업이 중국에서 성공하지 못하는 이유가 의사소통 문제

때문이라고 생각하는데 중국에서도 영어가 기업의 언어가 되어야 한다고 믿는다. 현지어는 다음 레벨의 의사전달 수단으로 필요하다. 영어를 못하는 시장의 대리점이나 현장 근로자와의 의사소통을 위해서다. 따라서 외국 파견 한국인은 전공 언어와는 상관없이 영어를 가장 잘해야 하는 것이다. 중남미에서도 거래업체의 관리자나 상위 계층의 사람은 다 영어를 잘한다. 스페인어를 잘 못하는 것은 이해하지만 영어를 잘 못하면 무시당한다.

더 나아가 관리자 또는 리더는 영어로 자기 생각을 정확히 정리해서 요점을 이야기할 줄 알아야 한다. 한국 파견직원은 특별한 훈련이 필요하다. 생각은 곧 언어이기 때문이다. 영어를 잘 못한다(Poor English)는 것은 생각을 잘하지 못한다(Poor Thinking)는 것과 다름없다. 리더가 무엇인가. 많은 사람을 한 방향으로 이끌어가는 사람이다. 어떻게 길을 안내하는가. 말로써 하는 것이다. Poor English＝Poor Leader인 셈이다. 더불어 좋은 영어를 하기 위해서는 정리된 생각을 가져야 한다. 정리된 생각을 함축적인 단어로 쉽게 전달하는 능력은 관리자 또는 리더의 기본이다. 만약 15년 동안 4개 국가에서 외국 근무 경험을 하지 않고 바로 인도에서 처음 해외 생활을 했다면 인도에서의 성공은 훨씬 힘들었을 것이다. 생각은 경험에서 나온다. 다양한 경험이 성숙한 사고를 낳는다.

오늘은 어제의 연속이다. 어제를 알아야 미래를 예측할 수 있다. 큰 방향을 알아야 한다. 거대한 역사의 흐름 속에 살아왔고 또 살아갈 것이다. 기업도 그 큰 흐름 속에서 하는 것이다. 사상적·철학적 소

양 없이 하는 영어는 상대방을 설득시키지 못한다. Good Philosophy
＝Good Thinking＝Good English＝Good Leader라고 믿는다.

# 9

# 인도의 소프트 컬처와 융합하라

인도에서 이기는 경영을 하기 위해서 무엇을 어떻게 해야 할까. 인도의 장점과 우리의 장점을 잘 활용할 때 이길 수 있다는 것이 결론이다.

우리의 장점을 하드 컬처(hard culture)라고 하면 인도의 장점은 소프트 컬처(soft culture)다. 우리가 산업화에 성공한 것은 근면하고 성실하게 목표를 향해 열심히 달려온 이른바 하드 컬처 덕분이라고 할 수 있겠다. 여기에는 엄격한 규율 또는 일종의 군대식 문화가 깔려 있다. 그러나 이러한 장점을 가진 지난날의 문화만으로는 21세기의 승자가 될 수 없다. 우리에게 필요한 새로운 문화가 바로 소프트 컬처다. 그리고 이것을 인도에서 찾을 수 있다. 바로 다양성과 유연성, 그리고 창의성을 특징으로 하는 인도의 문화다.

왜 많은 한국인들이 인도에서 근무하면서, 인도인과 사업하면서,

또 인도인을 고용하면서 심한 갈등을 겪는가? 왜 불평하고 불만족스러워 하는가? 우리와 정반대의 문화, 즉 소프트 컬처와 조우하기 때문이다. 이에 적응하기가 쉽지는 않다. 그러나 앞으로 한국이 진정한 선진국이 되려면 융합하고 포용해야 한다. 이는 성숙한 사회로 가는 과정이기도 하다.

여기서는 우리의 어떤 점이 인도에서 사업하고 인도인을 이해하는 데 걸림돌이 되고 있는지, 그리고 이를 어떻게 극복해야 하는지에 초점을 맞추겠다. 우리는 슬기롭게 변해야 한다.


## 권한위임과 책임·보상의 소프트 컬처

우리는 잘 기다리지 못한다. 기다리지 못한다는 것은 남을 믿지 못한다는 것이고, 남을 믿지 못한다는 것은 자신감이 없다는 것이다. 자신감이 없다는 것은 긍정적인 마음, 성공적인 경험, 조직운영을 시스템으로, 팀워크로 하려는 경영철학이 결여되었다는 것이다.

기다리지 못하면 간섭하게 되고 끊임없는 간섭은 사람을 지치게 한다. 그리고 독자적인 판단을 할 수 없는 노예로 만들어 의욕을 꺾는다. 많은 한국인들은 자기가 고용하고 있는 인도인이, 자기 부하인 인도인이 충실한 종으로, 노예로 열심히 하기를 바란다. 종으로 노예로는 절대 이길 수 없다. 이길 수 없을 뿐만 아니라 인도인은 그렇게 일하기를 원하지도 않는다. 인도의 노동시장은 한국보다 훨씬 개방적일 뿐더러 기회도 많다. 새로운 직장도 쉽게 구하고 얼마든지 더 좋은 조건으로 옮겨갈 수 있다. 우리의 노동시장보다 더 오픈되어 있다는 것을 명심해야 한다.

이직 가능성을 떠나 노예처럼 종처럼 여기고 부려서는 창의성 있는 일류 직원이 될 수 없다. 창의성 있는 직원을 구하려 하지 말고 평균적인 직원을 임파워먼트(empowerment)로 훈련시켜 훌륭한 직원으로 만들어야 한다. 지난 10년간 평범한 입사 희망자를 뽑아 끊임없이 도전해서 1등 직원으로 만들었다. 똑같은 사람도 '목표와 권한, 책임'을 주고 자유를 주면 '사람'이 달라지는 수많은 사례를 보아왔다. 그 실증이 여기 인도에 있다. 인도뿐만 아니라 한국에서도 한국 직원을 운용하는 방법이 이렇게 바뀌어야 한다. 명령과 복종, 상하관계가 지배하는 하드 컬처에서 권한위임과 책임·보상으로 이뤄지는 소프트 컬처로 바뀌어야 21세기의 승자가 될 수 있고 인도에서도 '이기는 경영'을 할 수 있다.

## 긍정적인 사람이 이긴다

우리 잣대로 이기적으로 평가하고 실망하며 불평하는 것은 금물이다. 서로 만족하지 못하고 책임을 상대방에게 돌리는 것은 멍청한 게임을 하는 것과 같다. 우리 스스로도 70점이지 않은가? 누가 자기를 100점이라고 생각할 수 있는가? 상대방이 만점짜리가 되길 기대하고 부족한 30점에 대해 끊임없이 불평하는 사람을 우리는 '부정적인 사람'이라고 한다. 반면 여러 상황에서 '70점도 잘 했다. 그러나 다음에 이런 것을 개선해서 100점에 도전해보자'고 생각하는 사람을 긍정적인 사람이라고 한다. 세상은 긍정적인 사람이 차지한다. 똑같은 결과를 놓고 한 쪽은 다음 승리에 대한 기대와 격려로 축하 분위기인데 한 쪽은 서로 질책하고 핑계만 댄다면 의욕이 뚝 떨어질 것이다. 누가 이기는 경영을 하는 것인가?

인도 사람이 느리다고 불평하지만 나는 오히려 한국 사람보다 훨씬 많은 것을 생각하고 신중하다고 생각한다. 그들은 우리가 배워야 하는 소프트 컬처를 갖고 있다. 우리는 너무나 빠른 결정, 빠른 행동을 하고 있다. 허겁지겁한다는 느낌이 들 정도다. 한국 사람인 내가 갖고 있는 그런 단점을 인도 부하 직원이 얼마나 많이 보완해주었는지 늘 감사하고 있다. 인도인은 우리보다 참을성이 훨씬 많다. 쉽게 화를 내지 않는다. 인도 진출 초기 현지 직원들의 가장 큰 불만은 한국인들이 너무 쉽게, 그리고 빨리 화를 낸다는 것이었다. 한국에서 온 직원들과 갈등이 빚어졌을 때 내세운 대표적인 이유가 한국인들이 쉽게 화를 내고 큰 소리로 흥분해서 이야기하기 때문이라는 것이었다.

## 시스템이 일하게 하라

개인에게 지나치게 기대하기보다는 시스템이 일하도록 해야 한다. 지원 및 관리 시스템이 좋아야 하는 것이다. 구속하고 속박하는 시스템이 아니라 조직원이 쉽게 자신의 현 위치, 현재 상황을 볼 수 있는 시스템을 구축하는 것이 중요하다. 더불어 구성원이 체계적으로 일할 수 있는 조직을 만들어 팀워크로 일하도록 해야 한다. 언제 사람이 바뀌더라도 그 자리를 바로 대체할 수 있는 2인자가 있도록 조직을 구성하는 것이 필요하다. 이런 것들은 비단 인도에서만 적용되는 것이 아니라 어떤 나라, 어떤 기업에서도 통하는 황금률(golden rule)이다.

# 10

# 코끼리 경제의 투자 환경을
# 철저하게 살펴라

인도는 한국보다 30년 뒤처져 있다고 이야기한다. 일반적으로 보면 맞는 말일 수 있다. 한국에서 성공하고 국제적으로 경쟁력이 있다고 평가받는 기업이 인도에서 성공할 수 있다고 생각하는 것이 합리적이다. 그러나 깊이 들어가보면 인도는 쉽지 않은 시장이다. 생각보다 시장이 크지 않고, 성장 속도도 예상보다 훨씬 더디다. 사람 관리 또한 힘들다.

이런 인도에서 성공하려면 투자 환경을 정확하게 파악하는 일이 우선이다. 이를 위해 넓은 영토와 풍부한 자연자원, 인구를 바탕으로 고속성장하고 있는 'BRICs(브라질, 러시아, 인도, 중국)' 가운데 같은 아시아 대륙에 있는 중국과 비교해보는 것도 의미가 있다. 인도의 장단점을 더욱 선명하게 볼 수 있기 때문이다.

## 세계화 의식이 배어 있는 인도와 중국

인도와 중국은 다른 점이 많지만 공통점도 있다. 무엇보다 엄청나게 크고 다양하다. 국가 면적은 중국이 인도의 3배지만 인구는 크게 차이가 나지 않는다. 2008년 기준으로 중국이 13억 3,000만 명으로 세계 1위고, 인도가 11억 5,000만 명으로 2위다. 여기에 많은 인종과 언어, 다양한 종교 등 한 국가라고 하기에는 매우 다양한 요소를 가지고 있다. 우리가 상상하기 힘든 다양성을 가지고 있는 것이다. 21세기 세계화 시대에 이 다양성이 가장 필요한 가치라고 한다면 중국과 인도는 이 귀중한 자산을 이미 지니고 있다. 그들의 문화 속에, 자신들의 생활 속에 세계화 의식이 깊이 배어 있는 것이다.

동양적 철학도 공유하고 있다. 인도에서 10년 이상 살면서 우리에게 익숙한 불교적 사고방식과 생활 철학을 많이 보고 느꼈다. 힌두교도 불교와 같이 알이 108개인 염주를 쓴다. 똑같이 원만하고 순리를 따르며 오래 참는 것을 미덕으로 삼는다. 현실의 어려움을 싸워서 해결하기보다 내가 양보하고 인내함으로써 마음의 평화를 찾는다.

어떤 학자가 중국은 노동(Perspiration), 인도는 영감(Inspiration)이 상징 언어라고 했는데 나는 중국이나 인도 모두 대단히 사변적이고 철학적인 나라라고 생각한다. 두 나라 다 뿌리 깊은 나무와 같다.

# 중국보다 나은 인도

몇 년 전 미국의 경제 주간지 ≪비즈니스 위크(Business Week)≫에 중국과 비교해 인도의 강점을 분석한 기사가 실린 적이 있다. 흥미로우면서도 의미 있는 내용이 있었다.

**첫째, 인도는 중국보다 법률제도가 훨씬 발달되어 있고 실제로 잘 적용되고 있다**

진행 속도는 만족스럽지 않고 느리지만 민주주의 국가로서 인도가 법치국가라는 것은 틀림없는 사실이다. 국민들도 국가의 법제도를 존중하고, 사법부는 가장 믿을 수 있는 국가기관으로 살아 있다.

정치적으로 민감한 이슈들이 사법부로 이관된 뒤 재판을 통해 해결되는 것을 많이 봤다. 찬반양론이 격렬하게 부딪혀 정부나 정치 지도자가 누구도 나서서 총대를 메지 않으려 하면 사법부가 제3자로서 현명한 결정을 내리는 관행을 많이 볼 수 있었다. 2010년 9월에는 힌두교와 이슬람이 수십 년간 수많은 사람이 죽는 것을 불사하면서 치열하게 싸웠던 아요디아 사원 및 인근 토지 소유권 관련 분쟁을 법원 판결로 해결하는 것을 보고 인도 사법부의 권위를 새삼 느끼기도 했다.

**둘째, 금융 시스템, 주식 시장, 상업주의가 잘 발달되어 있다**

　　인도의 상장 기업은 6,700여 개로 한국보다 4배 가까이 많다. 이들이 국민총생산(GDP)에 차지하는 비중은 87%로 중국(67%)보다 훨씬 높다. 중소기업 수는 4,500만 개나 된다. 비공식경제인구(Informal economy)도 엄청나다. 노천 세탁소를 비롯해 골목길 다림질방 등 이른바 길거리 상인의 수가 많은데 이들도 시간이 흐르면서 점차 세금을 납부하는 공식경제로 편입될 것이다. 이처럼 자본주의적 상업주의의 뿌리가 잘 발달되어 있는 것이 국영기업 위주의 중국과 크게 대비되는 점이다.

**셋째, 민주주의 정치 시스템이 잘 정착되어 있다**

동남아에서 흔했던 쿠데타가 인도에서는 한 번도 없었다. 복수정당 제도도 잘 발달되어 있다. 대부분 여러 개의 정당이 연합한 연립정권이 집권하지만 큰 파탄 없이 정권을 유지해 나가고 있다. 총리나 장관이 수시로 바뀌지도 않는다. 외국 학자의 분석에 따르면 인도 독립 후 가장 잘 구현된 정치제도가 지방분권제다. 각 지방의 다양한 욕구와 불만을 잘 발달된 지방자치제를 통해 스스로 해결해 나간 것이 인도를 단일국가로 묶는 데 중요한 역할을 했다는 것이다.

실제로 2010년 9월, 39개 정당대표 전원이 분리주의자와 정부가 첨예하게 대립하고 있는 분쟁지역 카슈미르를 찾아 부상자를 위로하고 분리주의자와 협상도 하면서 잠정적인 해결책을 마련하는 것을 봤다. 인도 민주주의의 힘을 실감할 수 있는 장면이었다.


**넷째, 영어를 사용한다**

대부분의 국민이 영어를 잘하는 것은 대단한 자산이다. 특히 소프트 산업과 서비스 산업이 중요해지는 21세기에는 더욱 귀중한 인프라가 된다. 영어를 통해 세계를 보는 눈이 더 넓어질 수 있다.


**다섯째, 인구가 젊다**

미래의 경제인구가 되는 15세 미만 인구가 인도는 32%인 데 비해 중국은 21%이다. 젊은 인구가 많은 나라가 생산이나 소비가 왕성해질 수밖에 없다. 가장 젊은 나라가 가장 밝은 미래를 갖고 있다.

## 중국보다 못한 인도

인도에 투자할 때 봉착하는 어려움은 많다. 중국과는 또 다른 상황을 예상해야 한다.

**첫째, 열악한 인프라는 인도의 가장 큰 약점이다**

산업 발전을 위해 기본적으로 필요한 도로, 항만, 전력, 공업용수 등 사회간접자본이 심각할 정도로 부족하다. 인프라(infrastructure) 면에서는 중국보다 20년 정도 뒤지지 않았나 싶다. 중국이 1978년에 개혁·개방에 들어간 반면 인도는 1991년에야 전통적인 네루식 사회주의 경제체제를 버리고 경제 개혁을 시작했다는 사실을 감안하면 그 차이는 13년 정도 나는 것으로 볼 수 있다. 그러나 앞으로 13년 동안 인도가 중국과 같은 수준의 인프라를 갖추기는 어려울 것이다. 현재 인도의 인프라는 중국의 10분의 1 수준이다. 일부 세계적인 전문가들이 인도의 발전을 회의적으로 보는 이유도 열악한 인프라 탓이다.

물은 가정용수, 공업용수 모두 턱없이 부족하다. 인도는 전체적으로 강수량이 적다. 여기에 저수지, 댐 등이 미비해 비가 오는 우기 동안의 빗물 관리도 형편없다. 이런 와중에 환경론자의 반대로 댐 건설이 문제가 되는 게 인도의 현실이다.

공업용수를 확보하기 위해서는 정부가 공급하는 상수도 외에 공장이 자체적으로 땅에 파이프를 박아 취수를 하는데 매년 더 깊게 파야 한다. 대도시 인근 지하수 수위가 지속적으로 내려가고 있기 때문이다. 일반 가정집도 물 공급원을 두 개씩 마련해놓고 산다. 국가에서 제공하는 상수도와 자체적으로 판 지하수다. 이런 상황에서 지하수 수위가 내려가는 것은 인도 전체적으로 심각한 문제라고 환경전문가들은 우려하고 있다. 비는 적게 오고, 오는 빗물 관리도 잘 못하면서 쓰는 물의 양은 매년 늘어가는 현실이 비단 인도만의 문제는 아니지만 인도는 장래의 문제가 아닌, 지금 당장 매일 매일 시달리는 심각한 문제다.

전력난은 더 심각하다. 가정집이나 공장이나 모두 자가 발전기를 가지고 정전에 대비해야 할 정도다. 하루에 한두 번 몇 시간씩 전기가 나가는 경우가 많다. 날씨가 무더워 전기가 나가면 에어컨이 작동하지 않는 것은 물론이고 냉장고에 보관해둔 음식물도 상한다. 겪어보면 그 어려움이 상당하다. 대비책을 늘 마련해둬야 한다. 뉴델리 인근 산업도시인 노이다(Noida)에 있는 우리 공장에는 발전기를 6대나 구비해 상시 대기해야 했다. 뭄바이(Mumbai) 인근 푸네(Pune) 공장은 비교적 사정이 나았지만 인도 전체적으로 전력 문제는 심각한 수준이다. 이 같은 전기 부족은 수많은 사람들이 돈을 내지 않고 불법으로 전기를 사용하는 무단 사용, 송전 시설 부실로 인한 누전, 관리 부실로 인한 사용료 미납 등으로 전력사업에서 이익을 내지 못하고, 재투자도 하지 못하는 탓이 크다. 원자력 발전 시설도 확장을 못하고 있는데, 인도가 그동안 핵교역 금지국가로 지정되어 원자력 발전소 등 민간 이용도 제한당하고 있었기 때문이다. 인도는 최근에야 미국과 핵의 평화적 이용에 관한 조약을 체결해 전력 부족 문제를 해소할 수 있는 디딤돌을 마련했다.

도로 사정은 자동차 평균 시속이 30km에 불과하다는 것으로 설명할 수 있겠다. 형편없이 비경제적이다. 속도만 느린 것이 아니다. 도로 상태까지 좋지 않아 운송화물에 손상을 입힐 정도다. 철도는 도로보다 운송 상황이 낫지만 비싼 데다 환적할 때 손상이 심해 부득이한 경우에만 이용한다. 항만 사정도 늘어나는 물동량을 해결하기에는 역부족이다. 통관에 보통 일주일씩 걸린다. 다행히 삼면이 바다라 항구를 여러 곳으로 분산시켜 이용할 수 있으나 그래도 태부족이다.

하지만 이렇게 취약한 인프라가 인도의 매력이 되기도 한다. 인도는 앞으로 인프라 구축을 위해 엄청난 투자를 할 것이고, 이것을 바탕으로 연 8~9%의 경제 성장이 이루어질 것이다. 세계적으로 흘러 다니는 많은 돈이, 그 유동성이 어디로 가겠는가. 정치가 안정된 인도로 갈 것이다.

## 둘째, 고급 제품 시장이 중국보다 훨씬 작다

고급 TV라고 할 수 있는 평면 TV(LCD TV)의 경우 중국 시장의 수요는 연 4,000만 대 규모인 데 비해 인도는 그 10분의 1도 안 되는 350만 대 수준에 불과하다. 에어컨의 연간 수요를 봐도 더운 날씨인 인도가 350만 대 정도이지만 중국은 그것의 7배에 가까운 2,200만 대나 된다. 인도 시장 규모를 중국의 10분의 1이라고 생각하면 되겠다. 인구는 조금 차이나지만 일인당 GDP는 중국이 2009년 기준

3,677달러로 1,030달러인 인도보다 3.5배 정도 높다는 점을 감안하면 중국의 중산층이 훨씬 더 두텁다고 볼 수 있는 것이다.

반면 뒤에 자세하게 쓰겠으나 인도 경제의 70%를 차지하는 구경제는 주목해야 한다. 한국에서는 벌써 사라진 옛날 기술로 만든 제품이 필요한 시장이다. 구경제를 무시하면 매출에 차질이 있고 성장에도 한계가 있다. 70%의 시장을 간과하고 성공할 수는 없다.

### 셋째, 부품산업이 발달되어 있지 않다

중국보다 개방과 세계 시장 진출이 늦었던 데다 규모의 경쟁에서도 중국의 10분의 1 수준의 게임을 하다 보니 부품가격이 중국보다 20% 정도 비싸다. 그렇다고 부품을 수입만 해서는 경쟁자를 이길 수 없다. 부품을 수입하는 데 따르는 치명적인 약점인 공급의 유연성 부족을 극복하기 위해서는 인도 국내 공급업자를 개발하고 육성해야 한다. 부품가가 높은 약점을 보상하기 위해 인도 정부가 세제 혜택을 주는 특수지역이 많이 있다. 이런 곳의 부품업체가 부품을 개발하도록 꾸준히 도와주고 함께 성장할 수 있도록 해야 한다. 이른바 벤더(vendor)의 육성이 필요한 것이다.

### 넷째, 문자 해독률이 떨어진다

문자 해독률은 중국이 91%인 반면 인도는 훨씬 뒤지는 65% 수준이다. 기초 교육은 산업 발전의 밑거름이다. 문맹률은 빈곤층의 정도를 나타내는 것으로 볼 수 있는데 인도의 경우 하루 1달러 미만으로 살아가는 절대 빈곤층이 40%에 달한다. 그러나 15~25세 젊은 층의 문자 해독률이 85%라는 사실을 주목할 필요가 있다. 인도의 가능성을 보여주는 것이기 때문이다.

### 다섯째, 외자 유치 규모의 차이가 크다

한 전문기관의 전망에 따르면 2010년 인도가 유치하는 외자는 150억 달러인 데 비해 중국은 800억 달러다. 약 5.3배 정도 차이가 나는 것이다. 다만 인도의 외자 유치 증가 추세가 중국을 앞서기 시작했다는 것은 고무적이다. 이렇게 유치한 외자가 인도에서 가장 시급한 인프라 개선을 위해 절대적으로 필요한 재원 노릇을 할 것이다.

### 마지막으로, 인도 정부의 실용주의적 정책이 아직은 미흡하다

앞에서 말한 인프라 개선은 정부의 가장 중요한 과제다. 정부 혼자 힘으로 해결할 수는 없고 막대한 외자 유치가 필요하다. 외자를 끌어오기 위해서는 외국인 투자에 우호적인 입법이 뒷받침되어야 한다. 그러나 이런 면에서 여전히 아쉬운 부분이 많다. 1990년대에 미국의 다국적 에너지기업 엔론(Enron)이 발전소 건설 도중 인도 주 정부와의 마찰로 철수한 일이 있다. 발전소 건설과 같은 대규모 사업은 기업이 지어주고 운영하면서 사용료를 받고 몇 십 년 후 운영권을 돌려주는 형태가 많다. 그리고 대부분 공공사업이다 보니 사용료를 정부가 통제하게 되고, 그동안의 이용자 예측에 차질이 생길 수도 있다. 이럴 경우 인도 정부가 마지막에 책임지고 기업에 손해가 가지 않도록 해야 많은 기업이 이런 대규모 공공투자에 참여할 수 있는데, 인도 정부는 책임을 기업에 넘기려 했다. 어차피 인도 정부에 귀속되는 것인데 너무 장삿속으로 계산한 것이다. 인프라 개선이야 말로 인도 정부의 가장 중요하고 시급한 도전이자 과제라는 점을 고려하면 안타까운 대목이다.

한국 정부가 산업연수생이라는 명목으로 일정 한도를 정해 외국 근로자를 받아들였는데 인도 정부는 그 제도를 수용하지 않았다고 한다. 자존심 때문이다. 인도는 일본의 경우 경제대국으로 인정하지만 한국은 그렇게 취급하지 않는다. 세계 5대 경제대국에서만 차관이나 금융을 수용하는 것이 인도 정부의 방침이다. 따라서 현지 한국 대사관의 고민은 인도 정부의 자존심을 건드리지 않으면서 어떻게 하면 인도가 이 제도에 동참하도록 할 것인가 하는 것이었다. 정부는 꼿꼿하게 자존심을 세우고 있고, 형편이 어려운 국민들은 한 명이라도 더 한국에 오겠다고 발버둥치는 나라가 인도인 것 같다. 인도의 정부 관리는 국민들의 복지를 위해 자세를 좀 더 낮춰야 하지 않는가 생각한다. 인도의 지하철 건설 공사에 참여하고 있는 한국 기업에 따르면 인도 정부는 한국이 제공하는 차관이나 금융에 대해 부정적이기 때문에 현재 지하철 공사는 일본 업체의 금융지원으로 진행되고 있다고 한다.

중남미에서 6년 동안 근무하면서도 정부의 쓸데없는 자존심으로 국민들이 고생하는 것을 많이 봤다. 중남미 국가들은 미국에 저항하면서 쿠바 정부를 지지하는 경우가 많다. 이들은 설탕, 커피의 미국

수출 한도(Quota)를 정할 때 사정없이 한도를 줄이는 것으로 이런 성향을 나타내기도 한다. 정부 고위 관리는 자존심을 지키겠지만 농민들은 죽는 것이다. 그래서 중남미에서 해방신학이 탄생한 것 아니겠는가. 어린 양떼를 성경으로만 보호할 수 없다는 것이다. 어린 양떼를 이리떼로부터 지키기 위해서는 총을 들어야 한다는 논리다.

중국의 도덕경에 '성인위복(聖人爲腹)이요 불위목(不爲目)'이라는 말이 있다. 성인은 뱃속, 즉 실속 있는 일을 하지 눈, 즉 자존심만을 즐겁게 하는 허황된 일을 하지 않는다고 내 나름으로 해석해봤다. 국민의 40%가 절대 빈곤에 처해 있는데 이러한 상황을 극복하고 실속을 차리기 위해서는 무엇이든 해야 하는 것이다.

# 11

# 인도인을 춤추게 하라

우리 인도 회사의 슬로건은 '나의 가족(My Family), 나의 회사(My Company), 즐거운 직장(Joyful Work)'이었다. 회사 생활이 즐거워야 한다는 뜻이다. 나를 희생하면서 회사를 위한다는 것은 위선이다. 그것으로는 오래가지 못한다. 회사는 나를 위해, 그리고 내 가족을 위해 다니는 것이다. 회사에서 열심히 일하는 것이 나를 위하고 가족을 위한다는 생각이 들 때 즐거운 직장이 된다. 그리고 회사가 최선을 다해 직원을 도와주려 하고 직원이 한 일을 인정해줄 때 즐거운 것이다. 나아가 회사가 사회에서 인정받을 때, 그래서 그 구성원이 사회에서 인정받을 때 즐거운 것이다. 회사가 직원에게 최선을 다한다는 것이 반드시 돈을 많이 주는 것만은 아니다. 직원을 존중하면서 작고 사소한 것이라도 도와주려는 회사에 고마움을 느낀다. 긍지까지 갖는다. 직원에게 '고맙다'는 말을 많이 하는 회사가 되어야 한다.


## 조직문화 만족도 조사


회사 설립 이래 매년 30%의 인원을 무작위로 추출해 조직문화에 대한 만족도 조사(Annual Organization Culture Survey)를 실시했다. 여기서 나타난 직원의 목소리를 듣고 불만 사항이나 부족한 점을 개선토록 해왔다. 이 조사 결과를 보면 참고할 만한 내용이 많다.

**첫째, 직원들은 회사에 대해 자기를 계발할 수 있는 조직이라는 점을 가장 중요하게 생각했다**

회사에서 배울 점이 많다는 것이다(High Learning Environment). 회사 생활이나 일이 힘들고 어려운 점은 많지만 보통의 인도 회사와는 크게 다르기 때문에 많은 것을 배운다고 인정했다.

인도 직원들이 가장 많이 신경 쓰는 것은 자신이 이 직장에서 성장할 기회를 가질 수 있는지 여부였다. 우리와는 다른 관점에서 직장을 보는 것이다. '이 직장에서 승진할 수 있는가'보다 이곳에서 새로운 것을 배워 자신의 가치를 높이고 다음 직장으로 옮길 때 더 많은 보수와 높은 지위를 받을 수 있는가를 기준으로 현재의 직장을 평가하는 것이다. 인도 직원들은 지금의 직장을 평생직장이라고 절대 생각하지 않는다. 나도 직원들에게 항상 "이곳에서 열심히 해서 나중에 2배의 봉급을 받고 더 좋은 직장으로 옮겨가라"고 했다. 그러나 이곳에서 성공하지 못하는 사람은 다른 곳에서도 절대 성공할 수 없다고 강조했다.

인도 직원은 언제든 떠날 수 있다는 것을 전제로 관리를 하지 않으면 큰 낭패를 당할 수 있다는 점을 명심해야 한다. 달리 생각하면 오래된 사람이 나가줘야 새로운 사람이 승진하는 선순환의 조직이 된다고 볼 수 있다.

### 둘째, 이들은 최고 책임자에 대한 믿음을 중요시했다

이것은 열린 경영 그리고 투명한 경영의 결과였다. 우리 회사는 제조원가나 손익 등 모든 것을 공개했다. 직원들은 회사가 숨기는 것이 없다는 것을 잘 알고 있다. 보통 인도 회사에서는 있을 수 없는 일이었다. 그리고 최고 경영자의 경영방식과 성과를 신뢰했다. 리더의 능력과 결과를 믿은 것이다. 남다른 경영 철학을 공감하고 그 성과에 동참하고 있다는 사실을 확인했다.

### 셋째, 직원의 참여 의식이 경쟁사와는 크게 달랐다

모든 결정은 밑에서부터 올라오는 '풀뿌리 경영'에서 비롯되는 것이었다. 위에서 일방적으로 지시하는 대로 행동하는 것이 아니라 모든 일이 자기가 참여해서 결정된다는 점이 다른 회사와 크게 다르다고 했다. 직원 한명 한명이 주인이었다. 집단의 지혜가 중요하다. 한두 명의 영웅에 의해서가 아니라 팀워크나 그룹 활동을 통해 발굴해야 좋은 아이디어가 많이 나온다. 그리고 이 과정에 참여했다는 주인의식이 높아져야 실행력도 좋다. 우리 조직이 경쟁사를 이긴 것은 이런 참여의식, 주인의식 때문이다.


## 인기 높았던 갠지스 강 래프팅


회사 직원들에게 인기가 높았던 주말 휴양 프로그램이 있었다. 매주 금요일 밤 버스로 출발, 6시간 정도 이동하면서 자다 보면 토요일 아침 갠지스 강에 도착한다. 그리고 하루 동안 강에서 래프팅을 즐기면서 스트레스를 풀고 일요일에 돌아오는 일정이었다. 온 가족이 함께 갈 수 있는 프로그램이라 호응이 좋았다. 비가 많이 오는 우기를 제외하고는 연중 운영되기 때문에 미리 예약만 하면 누구든 갈 수 있었다. 한번은 한국대사관에 근무하는 인도 직원을 단체로 초청해서 래프팅을 주선한 일이 있었다. 한국 회사가 인도에서 얼마나 직원들을 위해 노력하는지 실감하게 하면서 그들 또한 한국대사관에 근무하는 것에 자부심을 느끼도록 한 좋은 행사였다.


## 전우애를 심은 히말라야 트레킹


나중에는 트레킹 프로그램도 마련해 래프팅 장소와 비슷한 거리

인도 서부의 아우랑가바드(Aurangabad) 지역을 트레킹하며 직원들과 함께

에 있는 콜벳 국립공원(Corbett National Park)에서 진행했다. 취침은 주로 야영용 텐트를 이용했기 때문에 경비도 많이 들지 않으면서 홀륭한 주말휴가로 사랑받았다. 이런 주말 프로그램을 연중 운영한 회사는 인도에서 우리 회사밖에 없었다.

여기서 더 나아가 히말라야의 안나푸르나(Annapurna)로 15~20명이 한 팀을 이뤄 트레킹을 한 기억이 선명하게 남아 있다. 총 100명이 6개 팀 정도로 나뉘어 매일 8~9시간씩 강행군하는 프로그램이었다. 각 팀마다 한국 파견직원 3~4명이 인도 직원들과 섞여 서로 밀어주고 끌어주면서 3박 4일 코스를 소화했다. 새벽에 등반을 시작해 저녁 6시까지 목표지점에 도착해야 했다. 뒤에 처지는 사람이 있을 때는 서로 격려하면서 어두운 산길을 걸어 저녁 7~8시나 되어서야 목표 지점을 찾았다. 그리고 함께 저녁 식사를 할 때는 기분이 날아갈 것 같았다. 일종의 전우애가 생긴 것 같았다. 인도 직원들로서는 3박 4일간 군대를 갔다 온 것과 다름없었을 것이다. 이때 한국 직원들이 점수를 많이 땄다. 산악 등반을 평생 해보지 않았던 인도 직원들을 많이 도와줬기 때문이다. 한국 직원과 인도 직원이 서로를 이해하기에는 이런 행사만한 것이 없었다. 훗날 참가자 모두 감명 깊은 경험이었다고 회고할 정도였다. 산행을 통해 '우리는 하나'라는 의식을 공유하게 된 것이다.


## 가정 방문과 공장 방문

회사에서 현장 근로자의 가정을 방문해 이야기를 나누는 것도 좋았다. 한국 정서로는 선뜻 이해하기 어려울 이벤트였는데 인도 직원들은 반가와 했다. 작은 선물을 갖고 찾아가 애로사항을 듣고 해결해 주려고 노력했다. 서로 이야기하는 것은 좋은 일이다. 일단 이야기를 하면 모든 문제의 50%는 해결된다고 볼 수 있다. 이야기한다는 것은 이해한다는 것이다. 서로의 입장을 이해하면 해결책이 나온다. 회사와 가정이 서로를 이해하는 폭을 넓히기 위해 가족이 공장을 방문하는 프로그램도 있었다. 출퇴근 버스가 쉬는 낮 시간을 이용해 직원의 가족을 데리고 와 공장 견학을 하도록 주선했다. 직원들뿐만 아니라 그들의 가족도 회사에 대한 좋은 이미지를 갖게 했다. 이 또한 다른 회사에서는 시행하지 않은 것이었다.

## 해외출장의 적극 장려

많은 회사가 되도록이면 직원의 해외출장을 줄이려 한다. 비용절 감을 위해서이다. 하지만 해외출장은 비용이 아니고 최고의 투자다. '해외 시장을 방문하고 해외 공장을 찾아가 무언가를 배우는 것보다 더 큰, 그리고 효율적인 교육 훈련이 어디 있겠는가'라고 생각했다.

그래서 인도 관리자들을 일 년에 두 번 이상 한국 본사의 영업 현 장이나 공장을 방문토록 적극 장려했고 의무화하다시피 했다. 한국 본사와 큰 흐름을 같이 할 수 있도록 하려는 뜻이었다. 인도 직원들 은 이 해외출장을 통해 자기 계발을 할 수 있는 기회를 가질 수 있다 는 점을 타 회사와 가장 큰 차이로 높이 평가했다.

피자 미팅을 하면서 물어보면 1년 차 직원을 제외하고는 거의 대 부분 몇 번씩의 해외여행 경험이 있는 것을 발견할 수 있었다. 다른 해외 법인의 경우 해외 공장을 견학하고 오라고 하면 갔다 와서 배울 것이 없다고 보고한다고 하나 우리 직원들은 우리보다 작은 공장, 못 한 공장을 방문하고도 뭔가 우리보다 더 잘하고 있는 것을 찾고 배운 다고 보고했다. 열린 조직과 닫힌 조직의 차이에서 비롯되는 것이다. 열린 마음을 가진 사람은 주위에서 배울 것이 많지만 닫힌 마음을 가 진 사람은 나만 최고라고 생각하기 마련이다. 닫힌 조직은 시장에서 1등을 할 수 없다.

나 또한 외국의 다른 현장에서 배운 것이 많았다. 중국 난징에 있 는 세탁기 공장을 견학했을 때였다. 그곳에서 특이한 것을 발견했다.

포장이 끝난 제품을 비닐로 다시 뒤집어씌우는 것이었다. 이유가 중국은 운송 기간이 길고 도로사정도 안 좋아서 시골길을 가는 동안 포장 상자가 서로 부딪혀 상자의 표면이 상하는 것을 막기 위해서라고 했다. 막상 소비자에게 팔기 위해 대리점 진열대에 놓였을 때 낡은 제품처럼 보여서는 안 되기 때문이다. 인도도 똑같은 고민이 있었다. 이를 개선하기 위해 상자의 재질을 좋은 것으로 해야 하지 않느냐는 등 많은 아이디어가 있었으나 비닐포장을 할 생각은 하지 못했다. 포장 재질을 바꾸는 것보다 훨씬 경제적이고 효과적인 방법을 배운 셈이다. 난징 방문은 이것 하나만으로도 훌륭한 여행이었다.

## 한국 직원도 신경 써야 한다

한국에서 파견 나온 직원들도 세심하게 살필 필요가 있다. 생경한 외국, 그것도 한국과 비교하면 환경이 극도로 열악한 곳에서 생활하는 것은 대단히 힘들다. 함께 온 가족들은 더욱 그렇다. 그래서 어려운 외국 생활에 고생하는 부인들을 위해 가능하면 부부 동반 모임을 자주 가졌다. 인도의 최대 명절인 디왈리(10월과 11월 중으로 매년 날짜 달라짐)와 연말에는 가족끼리 단체로 2박 3일 정도 여행하면서 멀리 있는 인도의 유적지나 국립공원을 찾아 인도 생활의 스트레스를 풀었다. 또 골프는 한국에 비해 훨씬 싸고 예약하기도 쉬워 매달 부부 골프 모임을 가졌다. 부인들도 빠짐없이 참가했다. 이런 모임이나 운동을 통해 어려운 인도가 서서히 친근해지고, 나중에는 떠나기 섭섭한 나라가 되었다.

—

제 3 부

—

# 차별화된 생산전략

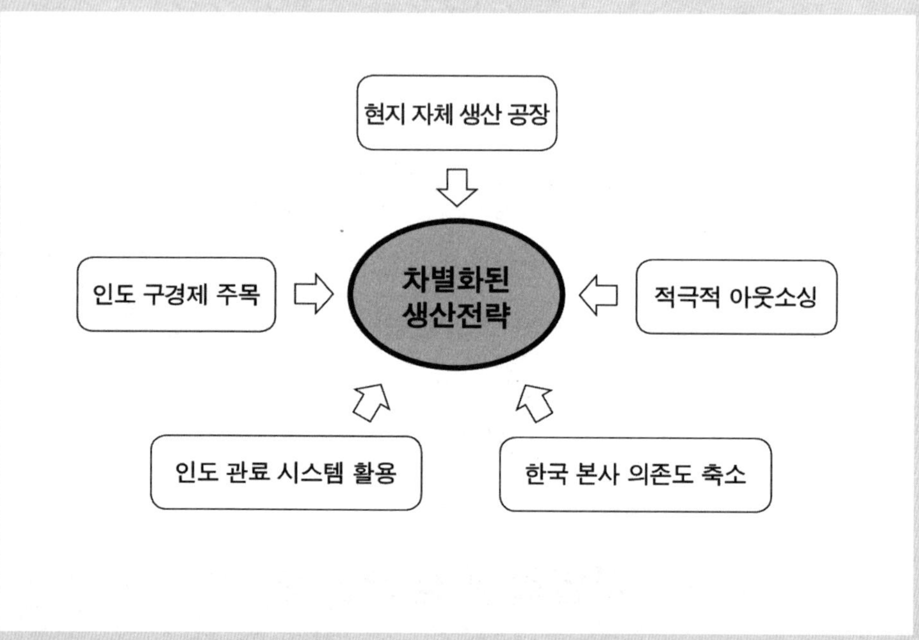
현지 자체 생산 공장
인도 구경제 주목
차별화된
생산전략
적극적 아웃소싱
인도 관료 시스템 활용
한국 본사 의존도 축소

# 12

# 현지 자체 생산 공장을 갖춰라

진정한 세계화는 그 시장에 뿌리를 내리는 것이다. 즉, 그 시장의 로컬 기업이 되는 것이다. 가능한 한 현지 부품을 이용해 현지에서 생산하는 기업이 장기적으로 그 나라의 1등 기업이 되고, 그 나라 고용에도 도움을 주는 기업이 진정으로 그 나라 국민의 존경을 받는 기업이 될 수 있다.

이런 맥락에서 인도에 반드시 자체 공장이 있어야 한다. 세계화를 현지 생산이라고 파악하고 현지의 외주 공장만 이용해서는 안 된다. 자기가 직접 생산해야 현지 사정에 맞는 제품을 적시에 개발해 시장에 신속하게 공급할 수 있다. 자체 공장 그리고 충분한 연구개발 팀이 있어야 현지 시장에 맞는 상품을 개발할 수 있고 품질 문제 해결을 비롯한 서비스 지원이 가능하다. 더불어 현지 공장 운영 경험을 토대로 생산성, 품질 관리 시스템을 확보해야 외주 공장을 지원·관리할 수 있다. 현지 자체 공장을 운영한 경험 없이는 외주 공장의 생산성 향상, 품질 관리, 혁신 등을 지도하고 지원하기는 어렵다.


## 현지 공장의 수명은 10년

인도는 광활하고 17개 주의 세법도 각각 다르기 때문에 공장은 여러 곳에 분산되어야 한다. 우리 회사는 자체 공장이 두 곳이었지만 계약에 따라 우리 제품을 만드는 공장은 13개 정도였다. 이 13개 공장에서 만들어 가까운 시장에 바로 공급하는 시스템이다.

인도 세법에는 자기 주에서 생산된 제품을 같은 주에서 판매까지 할 때 부여하는 세금 혜택이 있다. 가능하면 많은 주에서 자체 생산해 판매까지 하는 것이 도움이 되는 것이다. 투자의 효용성 등을 고려할 때 그 주에 이미 있는 공장을 활용하는 것이 최선의 방법이다. 자체 공장을 하나만 지어 인도 전체를 담당한다는 생각으로 무한정 규모를 키우는 것은 현명한 방법이 아니다. 공장 규모를 늘리는 것은 세제 혜택에도 문제가 있을 뿐만 아니라 노사 문제 측면에서 봤을 때도 바람직하지 않다. 한 곳에서 적정 규모의 공장으로 적정 기간 운영한다는 생각을 해야 한다. 시간이 흐르면 시장이 바뀌고 세제 혜택 조건도 바뀐다. 경험상 인도에서 한 공장의 수명은 대략 10년이다. 10년이 지나면 원래 누렸던 여러 가지 혜택이 변하고 시장도 변해 그 공장만으로 다음 10년을 갈 수 없다. 대규모 투자가 필요한 산업

등은 경우가 다를 수 있을 것이다. 하지만 우리 경험을 눈여겨볼 필요는 있다고 생각한다. 우리보다 훨씬 오래 전에 뿌리 내리고 있는 동종 업계 인도 업체의 동향을 분석해보면 많은 참고가 될 것이다. 인도 업체는 인도 정부와의 밀접한 접촉 등으로 항상 우리보다 한 발 먼저 움직인다고 봐야 한다.

## 공장 건설은 인도 건설업체에게

인도에 진출하면서 공장을 건설할 때 현지 건설업체에게 맡기는 게 바람직하다. 장점이 많고 믿을 만하다. 예를 들면 미처 대처 능력을 갖추지 못한 상태에서 지방 정부와의 문제, 지역 불순 세력과의 갈등, 인사 사고 등 민감한 사안들을 처리해야 할 상황이 있는데 이때 현지의 인도 업체가 문제를 해결하도록 할 수 있다. 그리고 인도 시공업체는 대체로 성실하게 일을 잘한다. 우리 회사의 경우 현지 감리회사가 철저하게 감독했기 때문에 큰 문제없이 공장을 완공할 수 있었다. 신경을 써야 하는 것은 건실한 건설회사와 믿을 수 있는 감리회사를 선택하는 것이다.

다만 건설 공정은 한국과 비교하면 느리다. 하지만 공사하면서 원칙을 지키는 것은 한국보다 나은 것으로 알고 있다. 시키는 것은 그대로 지킨다. 시멘트 양생(養生, curing) 기간도 원칙대로 지킨다. 건조한 곳이라 양생 기간 동안 헝겊을 씌우고 계속 물을 뿌리면서 수분을 넉넉하게 공급해 콘크리트 공사를 튼튼하게 하는 것을 볼 수 있다. 끈기 있게 천천히 하는 일은 우리가 따라가지 못한다. 인내심이 강한 인도의 국민성에서 비롯되는 것이다. 인도에서 공사 진행이 더딘 이유 가운데 하나는 너무 많은 목소리가 나오고 작용하기 때문이다. 민주주의 국가라 누구든 소송으로 공사를 중단시킬 수 있기 때문인지 공사가 중단된 현장을 도처에서 볼 수 있었다. 환경운동단체의 소송이 암초 노릇을 하기도 한다. 관공서에서 요구하는 절차를 모두 밟아 시작한 공사라도 환경을 이유로 공사 중단을 요청하는 소송이 걸리면 많은 경우 법원은 그 재판이 끝날 때까지 잠정적으로 공사를 중단시킨다. 그렇게 되면 엄청난 손해를 감수할 수도 있으므로 이런 위험을 피하기 위해서는 공단지역을 선택하는 것이 최선의 방법이다.

### 건설 현장은 온 가족의 역사(役事)

인도 건설 현장은 사람 투성이다. 기계보다 사람을 많이 쓰기 때문이다. 시공업체가 계산해보고 하는 일이겠지만 인도처럼 사람이 넘치는 곳에서는 잘하는 일로 생각한다. 되도록 사람에게 일자리를 주고 기계가 사람의 일자리를 뺏지 않도록 해야 된다. 공사 현장을 가보면 남녀노소가 머리에 이고 지고 자재를 나른다. '개미들의 역사(役事)'라는 생각이 든다. 저 한 걸음 한 걸음이 모여 우리의 공장, 우리의 근사한 사무실이 완성된다고 생각하면 눈물겹도록 고마웠다. 어떤 경우는 한 손으로 머리 위의 그릇을 붙들고, 또 다른 손으로는 어린아이의 손을 잡고 짐을 나르기도 한다. 온 가족의 역사인 것이다. 이렇게 일해서 받는 하루 일당은 50루피다. 단돈 1달러, 우리나라 돈으로는 1,200원 정도였다.

"사람이 산다는 것이 무엇인가. 우리가 지금 무엇을 불평할 수 있는지. 우리는 저 가족의 한 달 생활비도 넘는 돈을 한 끼 식사로 가볍게 쓰고 있지 않는가. 그러면서 일요일에는 교회에 나가 올바르게 살아보겠다고 다짐하지 않는가. 과연 저들을 위해 무엇을 할 수 있다는 말인가." 나에게 인도는 이런 화두를 끊임없이 던졌다. 이곳저곳이 많은 생각을 하게 하는 수련장이요 명상센터였다.

## 공장 운영 책임도 현지인에게

공장장(Plant Manager)도 현지인이어야 한다. 노사문제를 원만하게 조정할 수 있고 주인의식을 가지고 책임 있게 공장을 운영할 수 있기 때문이다.

우리 회사는 한국인 책임자에게는 혁신을 주도하고 새로운 생산기술 도입을 결정하거나, 한국에 있는 연구소와 조정업무를 하는 등의 역할을 맡겼다. 그리고 현지인 공장장이 특근 여부, 판매부서와 물동량 조정 등 중요한 사안을 인도인 직원과 서로 다투다시피 논의하면서 결정하도록 했다. 공장장 밑에는 제품별로 현지 책임자를 사업부장으로 정해 생산, 품질 관리, 구매, 자재, 개발, 이익 등을 총괄하게 했다. 더불어 생산부서는 제품의 생산과 이익을, 판매부서는 판매와 함께 역시 이익까지 책임지게 했다. 생산부서와 판매부서 모두 이익에 대해 공동 책임을 져야 하는 구조였다. 이런 구조 속에서는 시장가격이 내려가면 판매부서는 이익을 확보하기 위해 즉시 생산부서에 원가 절감 계획을 만들라고 한다. 그러면 생산부서에서 그동안 있었던 기능을 줄이거나 또는 새로운 모델 출시, 새로운 부품 사용 등의 방안을 도입해 원가를 절감한다. 그래서 시장가격을 맞추고 이익을 확보하는 것이다. 판매부서가 이익까지 책임지는 회사는 많지 않다. 인도인 스스로 이런 모든 전략을 수립하고 합의를 이뤄냈기 때문에 시장에서 1등이 가능했다.


## 극복해야 할 마피아와의 대결


우리 공장 주위에는 범죄 조직이 많았다. 이들은 끊임없이 자기네 사람을 채용해달라고 하거나 청소나 공장폐기물 처리 등의 수주를 요구했다. 이 요구를 들어주지 않으면 회사에 무력을 행사한다거나 직원을 해친다고 협박했다. 이러다보니 이들의 요구대로 해주는 게 관례가 되어 우리 공장 인근의 수많은 한국, 일본 심지어 인도 업체들도 이들의 손아귀에서 벗어나지 못했다.

그러나 우리는 달랐다. 처음부터 절대 굴복하지 않았다. 그러기 위해서는 회사가 노무규칙을 잘 지켜 약점이 없어야 했다. 직원이 지지하는 회사, 그리고 직원이 만족해하는 조직은 쉽게 공격하지 못하

는 것이다. 더불어 공단이 있는 지방정부가 지원하고 또 지방의회 의
원, 경찰 등이 지지하는 회사가 되어야 한다. 그러나 아주 예외적으
로 우리 힘이 약해서 도저히 안 되겠다고 생각되면 굴복하지 않고 아
량을 베푸는 형식으로 그들의 요구 중 일부만을 들어줬다. 반대로 그
들의 요구를 우리가 물리쳤을 때는 이를 크게 선전했다. 기 싸움에서
우위를 차지하는 전략을 구사한 것이다. 이들에 대처하는 일은 회사
의 인사 총무팀이 전담했다. 이들은 강력하고 영리한 정책으로 슬기
롭게 문제들을 해결했다. 이 지역에서 범죄 조직에 굴복하지 않은 회
사는 우리가 유일했다. 철저한 주인의식으로 이 업무를 훌륭히 수행
한 인사 총무팀에 지금도 감사하고 있다.

# 13

# 적극적으로 아웃소싱을 하라

'누가 21세기에 성공하는 기업이 되느냐' 하는 것은 '누가 외주 생산(Outsourcing)을 더 잘 활용하느냐'에 따라 결정될 것이다. 이는 현지에 자체 공장을 갖는 것과는 또 다른 차원의 문제다. 세계화의 핵심도 개방과 협업이다. 경우는 다르지만 미국이 이라크 전쟁을 치른 방식을 참고해볼 수 있겠다. 총 쏘는 전투행위 외에는 거의 대부분 외부 회사의 용역을 활용했다. 주요 인사에 대한 경호업무를 외부 회사에 맡겼고, 심지어 새로 구성한 이라크 군대 훈련까지도 그렇게 했다. 자체 병력의 규모를 최대한 줄인 것이다.

우리 회사는 인도에서 만드는 제품의 30%를 외주 공장에서 생산해서 바로 시장에 공급했다. 이렇게 하면 투자비용이 줄어들고 시장에 가깝기 때문에 물류비도 절감할 수 있었다. 큰 회사이기 때문에 추가로 부담해야 하는 인건비, 관리비 등의 비용도 줄일 수 있고, 무엇보다 공장 조직이 비대해지는 것을 막을 수 있다는 게 큰 장점이었다. 각 주마다 독특한 세제 혜택이 있는 인도의 특성도 활용할 수 있었다.

하지만 한국 회사는 모든 물건을 내가 만들어야 한다는 사고방식이 아직 강하다. 큰 회사가 할 일이 있고, 작은 회사가 더 잘 할 수 있는 일이 많다는 것을 인식할 필요가 있다. 작은 회사가 훨씬 더 능률적일 수 있다. 규모가 작기 때문에 최고 경영자의 의지가 곳곳에 직접적으로 미칠 수 있는 것이다. 또 창의적이며 순발력도 있다. 이런 회사의 장점을 적절하게 잘 활용할 수 있어야 경쟁력 있는 조직이 될 수 있다. 큰 회사는 장점도 많지만 단점도 많은 것이 사실이다. 큰 회사면서도 작게 운영되어야 한다.

시장 불량률을 조사해보면 작은 회사의 생산품이 우리 자체 공장의 생산품과 비교해도 전혀 손색이 없었다. '외주 생산 공장의 품질을 어떻게 잘 유지하느냐'가 중요한 관리기술이다. 외주 생산을 꺼리는 많은 회사들이 걱정하는 것이 바로 품질 유지 문제다. 하지만 쉽지 않기 때문에 경쟁자와 차별화할 수 있는 좋은 기회가 될 수 있다. 쉽게 할 수 있는 것은 모두에게 쉽다. 차별화될 수 없다. 어려운 일을 남다른 방법으로 잘 할 때 차별화가 된다.

인도에서 지내면서 우리는 제품이라는 하드웨어를 팔지만 소프트웨어 회사가 되어야 한다는 것이 나의 신념이자 비전이었다. 제품 생산 자체보다는 연구개발, 구매, 생산관리, 품질관리, 판매망 확보,

판매관리, 마케팅 서비스 등 기술, 지식, 노하우 같은 소프트웨어가 강한 회사가 1등 회사라고 생각했다. 이 부문에 대한 투자를 아끼지 않은 이유였다. 이런 소프트웨어만 가지고 있으면 생산은 지구 어디서든 할 수 있다.

## 아웃소싱과 캐시플로(cash flow)

어느 회사든 최적의 자금으로 최고의 생산성을 발휘해야 이익이 극대화한다. 하지만 직접 생산해야 품질 등 모든 부문에 대한 관리가 용이하다고 생각하는 회사가 많다. 그러나 아웃소싱을 잘하면 3~4개월 동안 외주 공장의 자금을 활용하는 것이 된다. 외주 공장이 대신 투자해주는 것이다. 매출의 3분의 1정도를 인도 외주 공장을 이용한다면 대략 한 달 매출액 정도의 돈을 외주 업체가 대신 투자해주는 셈이니 상당한 자금을 절약할 수 있다. 인도의 경쟁업체들을 보면 자금 사정으로 적절한 시점에 품질 개선, 개발 등을 위한 중요한 투자를 못하는 경우가 많다. 외주 공장을 이용할 수 있음에도 불구하고 직접 생산 또는 직접 수입을 고집해 자금이 여의치 않은 탓이다. 현명하지 못한 정책이다. 우리는 최대한 외주 공장을 활용한 덕분에 항상 자금이 넉넉해 인도 공급업자에 대금을 미리 주고 이자까지 받는, 선순환 비즈니스를 했다. 결국 최고의 자금 회전으로 최고의 이익을 실현했다.

## 수출 시장에서도 배운다

　우리 회사는 수출이 매출의 10% 정도였지만 수출 시장에서 경쟁을 통해 배우는 것이 많았다. 다만 인도 소비자가 원하는 것과 해외 소비자가 원하는 제품이 다르다는 곤란한 점이 있었다. 예를 들면 인도에서는 고기를 먹는 소비자가 많지 않기 때문에 냉장고 윗부분에 있는 냉동고의 공간(Freezer Compartment)이 작기를 원한다. 반면 해외 소비자는 대부분 고기를 저장하기 위해서 정상적인 공간을 희망한다. 그런데 이 냉동고 공간은 쉽게 변경시킬 수 없기 때문에 선택을 해야 한다. 텔레비전의 경우도 인도 소비자들이 원하는, 음악이 크게 울리는 큰 스피커를 수용하기 위해서는 TV 캐비닛이 커진다. 하지만 해외 소비자는 대개 날렵한 디자인을 선호한다. 디자인은 절충할 것은 절충하고 선택해야 할 것은 하나를 선택할 수밖에 없다.

　중요한 외관 품질의 경우 해외 고객의 눈높이가 더 높다. 때문에 인도 공장에서 생산하는 외관 품질을 향상시켜야 했다. 또 포장 재질을 높여야 하는 어려움을 극복하면서 인도 공장 제품의 수준을 세계 수준으로 끌어올렸다. 제품 자체의 수준은 절대 뒤지지 않았다. 인도의 환경이 열악하기 때문에 이런 환경을 이겨낼 수 있는 제품은 세계 어느 나라에서도 문제가 없는 튼튼한 제품이 된다. 비근한 예가 인도에서 스리랑카(Sri Lanka)에 수출한 제품은 문제가 없는데 한국에서 스리랑카에 수출한 제품은 문제가 있는 것을 들 수 있다. 인도보다 전기, 도로 사정 등이 더 열악한 국가는 그렇게 많지 않다.

# 14

# 한국 본사 의존도를 과감히 줄여라

**헤어져 각자** 잘살아보려고 할 때 강한 독립심과 책임감, 그리고 창의력이 나온다. 뭉쳐서 단체로 결정하고 단체로 행동하면 개인은 부품에 불과해진다. 중요한 결정에 참여하지 못하면 일의 주인이 되지 못한다.

한국에서는 한국 사정에 맞게, 한국 형편에 따라 현지 공장이 움직여주기를 원한다. 그러나 현지 시장이 상전이 되어야 한다. 현지 고객의 요구를 만족시킬 수 있는 연구개발이 이뤄져야 시장에서 1등을 할 수 있다. 그리고 속도가 생명이다. 아무리 좋은 제품이라도 뒤늦게 시장에 나오면 실기한다. 즉, 시간과 속도가 경쟁력이자 곧 돈이다. 이를 현지 시장의 요구 → 설계의 현지화 → 부품의 현지화 → 경쟁력 향상으로 도식화할 수 있다. 경쟁력을 높이기 위해 부품을 현지화해야 하는데 현지에서 설계 능력이 없으면 그것이 되지 않는다.

본사의 설계에 따라 본사가 제시하는 부품으로는 부품 현지화에 한계가 있다. 그래서 인도 환경에 맞는 특수한 상황을 한국 개발팀에 요구하기보다는 인도 팀이 직접 설계할 수 있도록 자체 능력을 키우고 인원을 보강하며 꾸준히 연구개발(R&D)에 투자했다. 연구개발의 독립이 큰 목표였다. 많은 회사가 해외 공장이 자체 연구 인력을 키우는 것보다 본사 연구 인력을 활용하는 것이 경비를 절감하는 것이라고 생각하기 쉽다. 또 본사는 세계적인 모델을 공용한다는 효율성 측면에서 해외 공장의 독자적 연구개발 인력 육성을 등한시하거나 부정적으로 생각하기도 한다. 하지만 이것은 바람직하지 않다.

일본의 소니가 그런 경우다. 소니가 인도에서 TV 공장을 철수할 때 그곳에서 일했던 기술자를 채용하기 위해 면접을 본 적이 있었다. 하지만 안타깝게도 나이는 많은데 그의 기술 수준은 기대 이하였다. 입사한 뒤 전혀 발전하지 못했던 것이다. 소니에 들어가 배운 것이 없었다고까지 말할 수 있을 정도였다. 소니가 현지 연구개발 분야를 생산을 도와주는 최소한의 보조기능으로밖에 키우지 않았기 때문이다. 결국 소극적인 현지 연구개발이 시장 경쟁력을 잃게 했고 더 나아가 공장 철수라는 더 소극적인 정책으로 이어진 꼴이었다. 이래서야 현지에서 목숨을 걸고 개발하는 적극적이고 공격적인 회사를 이길 수 없다. 적극적이고 공격적인 사람이, 그리고 그런 사람이 모인 회사에 미래가 있고 시장에서도 이기는 법이다.

# 현지 시장에 맞는 제품의 특별한 기능 개발

우리는 현지에 연구개발 인력을 갖추고 있었기 때문에 현지 환경에 맞는 독특한 기능을 많이 추가할 수 있었다. 자연히 이런 독특한 특장점(Unique Selling Point) 때문에 더 좋은 가격에 더 많이 팔았다.

### 현지 연구개발의 사례

좋은 사례가, 여분의 메모리를 활용해 게임을 할 수 있는 기능을 추가한 TV였다. 우선 인도인들이 좋아하는 크리켓을 TV를 통해 즐길 수 있도록 크리켓 게임을 개발했다. 이때 TV용 리모트 컨트롤(Remote Control)만 가지고는 안 되기 때문에 게임을 할 수 있는 조그 셔틀(Jog Shuttle)을 함께 개발해야 했다. 이와 함께 카 레이스(Car Race) 등 5가지 게임을 TV에 내장하는 빌트인(Built-In) 식으로 추가했다. 이런 독특한 기능으로 좋은 반응을 얻었고 판매로 직결되면서 시장에서 1등을 할 수 있었다. 우수한 자체 연구개발 인력 덕분이었다. TV 초기 화면에 나오는 운영 프로그램(On Screen Display)의 언어를 현지화한 것도 빼놓을 수 없다. 영어와 힌디어는 물론 지방언어인 방글라(Bangla), 마라티(Marathi), 타밀(Tamil)로 된 것을 개발해 그 지역 고객으로부터 큰 호응을 받은 것이다. 이런 개발을 한국 본사에 의뢰했다면 실현 불가능했을 것이다.

## 적기 투자가 관건

인도의 많은 회사들이 보이지 않는 부문에 투자하는 것에 소홀하다. 게다가 보이는 부문에 투자하는 것도 실기하는 경우가 태반이다.

보이지 않는 부문이란 설비 기계의 유지보수, 품질 실험 장비, 생산성 향상을 위한 소규모 개선 활동, 우수한 기술 인력 확보를 위한 꾸준한 노력, 교육 훈련, 서비스 향상을 위한 장비 기계 등을 말한다. 이런 부문에 제대로 투자하지 않으면 생산성과 품질에서 30% 차이가 나고 손익에 5%까지 영향을 준다. 보이는 부문에 투자하는 것 가운데 대표적인 것은 신제품 개발 출시를 위한 투자다. 이것이 3~4개월 지연되면 판매에 30%까지 영향을 준다. 인도에 있는 많은 회사들이 90% 이상 실기하는 것을 볼 수 있었다. 제품은 계절에 맞춰 개발되어야 한다. 제때 공급하지 못하면 곧 판매에 막대한 차질이 생긴다. 뿐만 아니라 신상품을 통한 수익성 향상 계획도 실현되지 못해 수익 악화의 제일 큰 요인이 된다. 적기 투자는 영업과 수익을 30% 신장시키는 반면 실기하면 영업과 수익을 30% 감소시킨다고 보면 된다.

때를 놓치지 않으려면 미리 계획을 세우는 것이 가장 중요하다. 많은 사람들은 인도인들이 느리다고 하는데 그럴수록 3개월 정도 빨리 준비해야 실수가 없다. 모든 것이 잘될 것이라는 전제하에 진행하면 차질이 일어날 가능성이 크다. 모든 것이 잘 진행되다 마지막 생산 단계에서 차질이 있을 수 있고 예기치 못한 품질 문제가 발생해 다시 생산해야 하는 등 수많은 변수가 있다. 때문에 여유를 가지고 미리 준비하는 사람이 계절을 놓치지 않고 제품을 출시할 수 있다. 인도는 특히 광활해서 생산한 뒤 각 지방의 도매상, 대리점까지 무사히 가는 데 한 달 가까이 걸린다는 점을 감안해야 한다. 주 경계선을 넘을 때마다 그 주에서만 부과하는 세금을 내야 하는 등 관련 서류 절차를 밟아야 한다. 이것도 시간을 뺏기는 일이다. 더욱이 화물차의 평균 속도가 시속 40km 정도라는 점도 고려해야 한다.

인도에서는 끊임없는 투자로, 보이지 않는 부문에서 30% 이상의 경쟁력을 확보한 것을 비롯해 매년 적기에 신제품을 출시해 시장에서 상품력으로 인도 고객을 끌어 들였다. 중요한 성공 요인이었다.

# 인도 관료
# 시스템을 활용하라

인도 관리가 일반적으로 부패해 있다고 생각하지만 반드시 그렇지만은 않다. 급행료는 있으나 안 되는 것을 되게 하는 동남아식 부정부패는 없다. 오히려 후진국 가운데 인도의 관료 시스템이 가장 잘 정비되어 있고 살아 있다고 본다. 정권이 바뀌어도 튼튼한 관료조직(Bureaucracy)이 정책의 일관성을 보장한다. 잘만 활용하면 사업을 하는 데 방해가 되기보다 많은 혜택을 볼 수 있다.

일반적으로 인도의 노동 환경은 직원을 해고하기 어렵고 여러 가지 정부 규제가 많아 고용주 입장에서는 사업하기 까다롭다고 한다. 그러나 그동안의 경험을 통해 보면 인도의 노동 정책은 합리적이다. 기업 활동을 방해하려는 적극적 의도나 행동을 보이지 않는다.

이런 예를 들 수 있다. 인도 정부는 우리나라에서 문제가 되고 있는 임시직, 계약직 등의 비정규직 관련 규정을 두고 있으나 현장 감사를 통해 면밀하게 조사하는 일은 없었다. 아니 현장 감사를 금지하고 있다고 했다. 우리 같은 회사는 규정을 지키려고 하지만 샅샅이 조사하면 위반사항이 하나도 없을 수는 없는 노릇이다. 그런데도 현장 감사를 하지 않는 이유는 규정을 약간 준수하지 않더라도 어떤 형태로든 고용이 중요하다는 인식 때문이다. 여기에 현장 감사를 허용할 경우 이를 미끼로 한 부패까지 우려한다는 것이다. 사려 깊고 현명한 정책이다. 정부가 법을 집행한다는 명목으로 기업을 괴롭히는 경우가 얼마나 많은가. 적어도 노동 문제로 인도 정부로부터 괴로움을 당한 적은 없었다. 2~3년 전 최하계급인 불가촉천민의 의무고용 비율을 높이는 입법을 했는데 시행을 미루고 있는 것도 그렇다. 인도 국회가 표를 의식해 법을 만들었으나 기업들이 반대하니 시행을 연기하는, 현명한 절충안을 구사하고 있는 셈이다.


## 세무공무원은 어떠한가


세계 어느 나라든지 세무공무원은 지독스러운 법이지만 인도의 공무원은 특히 악착같고 열심이다. 이들이 예고 없이 들이 닥치는 것을 이곳에서는 레이드(Raid)라고 한다. 일종의 습격이다. 오후에 여러 명이 예고 없이 쳐들어와 밤을 새워 조사하고 필요하면 또 인력을 지원받아 연장하는 식이다. 우리는 사업 초기에 여러 번 이런 일을 겪었다. 본부뿐 아니라 지사에서도 이런 일이 있었다. 그러나 당시 인도 세무공무원이 발견한 것은 조그마한 실수는 있으나 고의로 세금을 포탈하려 하지 않는다는 사실이었다. 그래서인지 이후에는 거의 이런 세무조사가 없었다. 외국계 회사가 누구를 위해 세금을 포탈하겠는가. 세금을 포탈했다고 월급이 많아지는 것도 아니고 오히려 쓸데없는 위험만 높아지는데 그럴 이유가 없는 것이다. 정정 당당하게 세금을 내고 장사해야 할 뿐이다. 실제 많은 외국계 회사가 현지 회사보다 법을 더 잘 지킨다고 본다. 어떤 경우에는 세법의 해석을 달리 해서 세무서와 분쟁이 발생하는 수가 있다. 이럴 때는 먼저 세금을 내고 소송을 해서 찾아오는 과정을 거치는데 70~80%는 우리가 승소해서 환급받았다. 이런 과정을 거치다보면 인도의 장점 중 하나인 발달된 법률제도가 잘 지켜지고 있는 것을 느낄 수 있다.


## 경찰과의 협력은 어떻게 하는가


대부분이 그렇지만 특히 인도는 경찰의 힘이 막강하고 역할도 중요하다. 우리 공장이 있는 우타르 프라데시(Uttar Pradesh) 주는 인도에서 가장 큰 주다. 2008년 기준으로 인구가 1억 9,000만 명이나 되는데 이곳은 마피아 조직이 또 유명하다. 우리 공장에도 마피아 조직원이 총을 들고 사무실에 난입한 적이 있을 정도다. 하지만 이런 마피아도 경찰은 무서워한다. 때문에 경찰과 우호적인 관계를 유지하는 것이 사업을 하는 데 무엇보다 중요하다. 이들과 협력해야 할 사안은 다양하게 발생한다. 우리는 공장 주위에 사는 인력을 가능하면 채용하지 않았다. 이들을 채용하면 동네 사람들이 마피아와 연결되어 공장을 좌지우지할 우려가 컸기 때문이다. 그렇다고 전혀 채용하지 않을 수는 없는 노릇이어서 마피아가 10명을 요구하면 몇 달을 끌다가 한 명 받아주는 방식으로 대처했다. 이때 관건은 경찰과의 관계다. 경찰과 잘 지내면 마피아에 대한 협상력(Bargain Power)이 생기지만 그렇지 않으면 마피아가 우습게보고 괴롭힌다.

우리 공장의 경우 인근 지역 인력을 채용하지 않는다는 이유로 현지인들이 크게 시위를 한 일이 있었는데 경찰 수십 명이 와서 공장을 지켜주기도 했다. 조직원이 사무실에 쳐들어왔을 때는 한국 사람들이 두려워하지 않는 상황에서 인도 직원들이 잘 타일러 그냥 돌려보낸 경험도 있다. 경찰과 관계를 맺을 때는 우선 우리 스스로가 약점이 없어야 한다. 문제의 소지가 될 만한 약점이 없어야 좋은 관계가 오래 갈 수 있기 때문이다.


## 정치인들과의 관계

외국 회사이기 때문에 특별한 경우를 제외하고는 정치적인 문제에 관한 한 비교적 자유로웠다. 일종의 열외가 되는 경우가 많았던 것으로 생각한다.

몇 차례 정치 조직에서 기부를 요구하기도 했으나 본국과 협의가 필요하고 승낙을 받아야 한다고 하면 체념하는 것 같았다. 외국 회사라 어쩔 수 없다고 판단하는 듯했다. 이 또한 우리가 약점이 없었을 뿐만 아니라 정부 로비의 필요성이 없는 업종이라 그랬다고 생각한다. 대형 프로젝트를 추진하면서 정부에 대한 로비가 절대적으로 필요할 때는 경우가 다를 수 있다. 특별한 로비는 필요 없지만 지방의 회 의원과 좋은 관계를 유지하는 것은 대단히 중요하다. 노사 문제 등 여러 가지 문제를 상담할 수 있고 범죄 조직의 압력이나 협박을 막는다든가 상부상조할 수 있는 일이 많기 때문이다. 그래서 기공식이나 병원 준공식 등에 정치인들을 초청해 생색을 낼 수 있는 기회를 주기도 했다. 이런 모든 일은 인사부서에서 알아서 하도록 100% 위임해 외국인인 내가 직접 정치인을 만날 기회는 없었던 것으로 기억한다. 반드시 나를 만나야겠다는 경우가 없었다는 것이다. 외국 기업을 더 어려워한 것 같다.


## 중국, 동남아와 비교하면


동남아 일부 국가에서는 관세 포탈이 통상적으로 일어난다고 하는데 인도에서는 돈 주고 관세를 덜 내는 등의 편법은 상상할 수 없다. 이것과 관련해서는 철두철미하다. 다른 나라에서는 엉성한 법규를 악용해 적당히 조립·제조해 세제혜택도 받는다고 하지만 인도는 이런 허술한 관리를 용납하지 않는다. 가난하지만 정부 고위층에 엘리트가 많을 뿐만 아니라 중심이 바로 서고 전통이 살아 있기 때문이다. 공항에서도 사소한 일이 문제되면 거기서 해결해야지 위로 올라갈수록 원리원칙대로 처리하기 때문에 더 어려워진다. 후진국에서는 중요한 사람을 영접한다는 이유로 공항 안에 쉽게 들어가고 또 쉽게 대리 수속을 하지만 인도는 적당히 하지 못한다. 담당자가 용납하지 않는다. 이들은 규정에 철저하다.

중국은 내륙과 동부 연안의 개발 정도, 임금 등 다양한 면에서 불균형이 심각하다. 반면 인도는 완전한 거주 이전의 자유가 있고 주정부의 독립성이 강하며 국회의원이 각자 자기 지방을 강력하게 대변하기 때문에 중국보다는 불균형의 정도가 덜 하다고 본다. 오지라는 곳도 주정부와 연방정부 차원에서 마련해준 독특한 세제 지원안 등 특별육성 프로그램으로 기업을 유치하고 있다. 인도에서의 비즈니스는 이런 특별한 세제지원제도를 잘 활용해야 성공할 수 있다.

### 곳곳에서 느끼는 인도 정부의 손길

인도 남서부에 있는 카르나타캐(Karnataka) 주의 주도 방갈로르(Bangalore)에서 3시간 정도 내려가 마이소르(Mysore)에 있는 지사를 들렀다가 다시 3시간 정도 거리에 있는 작은 대리점을 방문한 일이 있었다. 이 딜러를 방문하고 돌아오는 길에 조그마한 국립공원을 통과하는데 입구에서 차량번호와 통과시간을 일일이 적은 뒤 한 시간 정도 지나 출구에서 다시 차량번호, 시간 등을 손으로 기록하는 것을 봤다. 순간 이 넓은 공원 어디에서 무슨 일이 일어나면 이 자료가 귀중한 증거가 될 수 있겠다는 생각이 들었다. 일일이 손으로 적는다는 게 원시적이기는 하지만 그 깊은 산속까지 인도 정부의 손길이 미치고 있다는 것을 실감할 수 있었다. 여름휴가를 이용해 자동차로 델리(Dehli)에서 북쪽으로 심라(Shimla)를 거쳐 마날리(Manali)를 갔을 때 기억도 선명하다. 10시간 이상 걸리는 장거리 여행이었고 심라에서부터는 깊은 산속을 5~6시간 운전해서 가야 하는 힘든 여행이었다. 그 길에 많은 사람들이 손으로 일일이 자갈을 잘게 부숴가면서 산골에 난 도로를 보수하는 모습이 자주 눈에 띄었다. 여기서도 원시적으로라도 길을 닦고 고치고 하면서 어려운 사람들에게 일거리를 제공하려고 노력하는 인도 정부의 노력을 읽을 수 있었다.

# 16

# 구경제에서 길을 찾아라

어떤 제품, 어떤 모델이 고급인지 아닌지는 국가별로 기준이 다를 수 있다. 또 고급 제품이 반드시 이익을 많이 내는지 등에 대해서도 다양한 이야기가 있을 수 있다. 하지만 미래지향적이고 상대적으로 고급인 제품을 많이 팔아야 한다는 데 이견이 있을 수 없다. 또 많은 사람들이 원하는 대중적 모델을 시장가격에 맞춰 많이 팔고 많은 이익을 내야 한다는 전략이 틀렸다고 하는 사람도 많지 않을 것이다.


## 고급 마케팅과 대중 마케팅

그렇지만 고급 마케팅(Premium Marketing)이 대중 마케팅(Mass

Marketing)보다 더 바람직하고 더 값진 마케팅이라는 생각은 잘못이다. 항공사에서 일반석(Economy Class)과 그 위의 특별석(Business Class)을 차별화하는 마케팅을 하는 것은 좋은데 일반석 판매 촉진을 위한 마케팅은 향후 없애야 할 저급 마케팅이라고 생각한다면 큰 잘못을 범하는 것과 같다. 얼마 전 일반석을 없애고 특별석만 운용한 항공사가 망했다는 기사를 봤다. 대중적인 제품 없이는 고급 제품도 없다. 가격은 저렴하지만 수량이 많은 대중 제품이 있기 때문에 수량은 적어도 비싼 고급 제품이 나름의 경쟁력을 갖추는 것이다. 대중적인 제품과 차별화도 된다. 결론은 고급 제품에서도 1등을 하고 대중 제품군에서도 1등을 해야 진정한 1등이라는 것이다. 고급 제품을 많이 팔 것이냐 대중적인 제품을 많이 팔 것이냐는 선택의 문제가 아니다. 둘 다 시장에서 가장 경쟁력이 있는 제품을 가장 많이 파는 회사가 1등 마케팅을 하는 1등 회사다. 미국의 저명한 마케팅학자가 '월드 베스트(World Best)'나 '월드 퍼스트(World First)'가 중요한 것이 아니라 '월드 모스트(World Most)'가 중요하다고 한 이야기를 깊이 생각해볼 필요가 있다.

## 신·구경제가 공존하는 인도

인도 시장에서는 소득계층으로 나눴을 때 빈민층이 주를 이루는 이른바 구경제(old economy) 인구가 70%의 비중을 차지하고 있다. 이른바 인도의 매스 마켓(Mass Market)은 구경제 시장인 것이다. 이 시장을 무시하면 인도 시장의 70%를 포기하는 것이 되고, 인도에서 공장을 운영하는 것조차 어려워질 수 있다. 신경제의 프리미엄 마켓(Premium market)만을 상대해서는 규모의 경제가 되지 않는다. 빈곤층을 세계적으로 BOP(Bottom of the economic pyramid)라고 하는데 인도에서는 PUT(Population under the table)라고 하는 것이 더 현실적이다. 2008년 기준 인도 인구 약 11억 5,000만 명의 70%인 8억 명 가운데 매년 1%가 구경제 인구로 편입된다고 보면 매년 800만 명 정도의 인구가 새로운 구매력으로 등장하는 것이다.

구경제 제품은 선진국에서는 볼 수 없는 구형 염가제품이다. 가격이 싸고 에너지 소비가 신기술 제품보다 훨씬 적다는 장점 덕분에 선호되는 것이다. 대신 소음이 크고, 디자인이 옛날 스타일이라 투박하며, 세련되지 못한 단점이 있다. 또 사용 편리성이 떨어져 한 번으로 할 수 있는 일을 두 번 손이 가야 하는 약간의 수고를 요구한다. 이런 제품은 본국에서는 이미 철지난 것들이라 인도 현지 공장에서 현지 연구개발(R&D)을 활용해 개발해야 한다. 연구개발과 품질팀만 있으면 인도 현지 외주 업체를 통해 생산해 좋은 품질의 제품을 자사 브랜드로 마케팅할 수 있다.

## 구경제 제품과 신경제 제품

예를 들면 에어컨디셔너와 에어쿨러를 비교해볼 수 있다. 에어쿨러는 이제 한국에서는 찾기 어렵지만 인도 소비자 입장에서 볼 때 에너지 소비량, 가격 등 대부분의 면에서 훨씬 좋다. 다만 너무 크고 소음이 많다는 단점은 있다. 그러나 인도에서는 에어컨디셔너 시장보다 에어쿨러 시장이 3배나 더 크다. 세탁기도 한국에서 20년 전에 사라진 이조식 세탁기(Semi Automatic)가 인도에서는 70%를 차지하는 주종이다. 냉장고도 며칠에 한 번씩 얼음을 깨야 하는 직냉식(Direct cooling)이 70%나 된다. 표와 같이 에너지 소비량, 가격 등은 구경제권 제품이 좋다.

**구경제 제품과 신경제 제품의 가격과 에너지 사용 비교**

| 냉방기 | AC | Air Cooler | Ratio |
|---|---|---|---|
| Cooling Area(Sq. Mtrs) | 60 | 60 | |
| Energy(Watts) | 1,900 | 250 | 13% |
| Price(Rs.) | 21,000 | 7,000 | 33% |

| 세탁기 | Front Loading | Semi-Auto | Ratio |
|---|---|---|---|
| Capacity(Kgs) | 6 | 6 | |
| Energy(Watts) | 408 | 99 | 24% |
| Price(Rs.) | 20,000 | 5,300 | 27% |
| Water Consumption(Lts) | 58 | 86 | 148% |

| 냉장고 | FF Ref | DC Ref | Ratio |
|---|---|---|---|
| Capacity(Lts) | 230 | 230 | |
| Energy(Watts) | 628 | 418 | 67% |
| Price(Rs.) | 13,000 | 10,500 | 81% |

현재 인도에서 폭발적인 인기를 끌고 있는 모바일폰도 염가형이 가격과 기본적인 편리성에서 애플의 아이폰보다 우수할뿐더러 가격은 20배 이상 싸다. 인도는 열악한 환경으로 재충전이 쉽지 않다. 전기가 하루에 반나절 이상 들어오지 않는 시골이 많다. 그래서 대기시간(Stand-by time), 통화가능시간(Talk-time)이 가장 중요하다.

**인도에서의 모바일폰 비교**

| 회사 | 마이크로맥스 | Nokia | Apple | Nokia |
|---|---|---|---|---|
| 모델 | X1i+ | 1202 | iPhone 3Gs | 8800 Saphire |
| Standby Time | 30Days | 26Days | 13Days | 13Days |
| Talk Time | 15Hrs | 8Hrs | 12Hrs | 3Hrs |
| Price(Rs.) | 1,800 | 1,100 | 40,000 | 54,000 |

※ 마이크로맥스: 인도 토종 휴대폰 제조회사

## 한국 중소기업, 인도의 구경제에 주목하라

대기업과의 상생이 중소기업의 미래를 보장하지 못한다. 부모 자식도 돈 앞에서, 사업 앞에서는 권력다툼을 하지 않는가. 상생은 일방적인 은혜로 되지 않는다. 중소기업이 독자적으로 시장을 개척해서 대기업의 그늘에서 탈출하려는 처절한 자구책을 마련해야 진정한 상생이 실현될 수 있다. 현재 중소기업이 가진 기술로도 인도의 구경제 부문에 주목하면 성공할 수 있다. 같은 가격의 원자재를 사용하면 한국 기업이 가지고 있는 생산기술과 품질이 30%는 우수하다. 정상적인 중소기업으로 지난 30년간 경쟁에서 살아남은 업체라면 동종의 인도 업체보다 30% 높은 경쟁력을 가질 수 있다. 우리가 배운, 그리고 우리가 가지고 있는 노하우는 절대 과소평가할 것이 아니다. 귀중하다. 용기를 가지고 대기업의 그늘에서 탈출하기 바란다. 이런 구경제의 가능성은 인도뿐만 아니라 모든 신흥개발국가에도 해당된다. 아프리카의 많은 나라에서도 이 같은 전략이 통한다.

제 4 부

# 인도인의, 인도인을 위한 마케팅

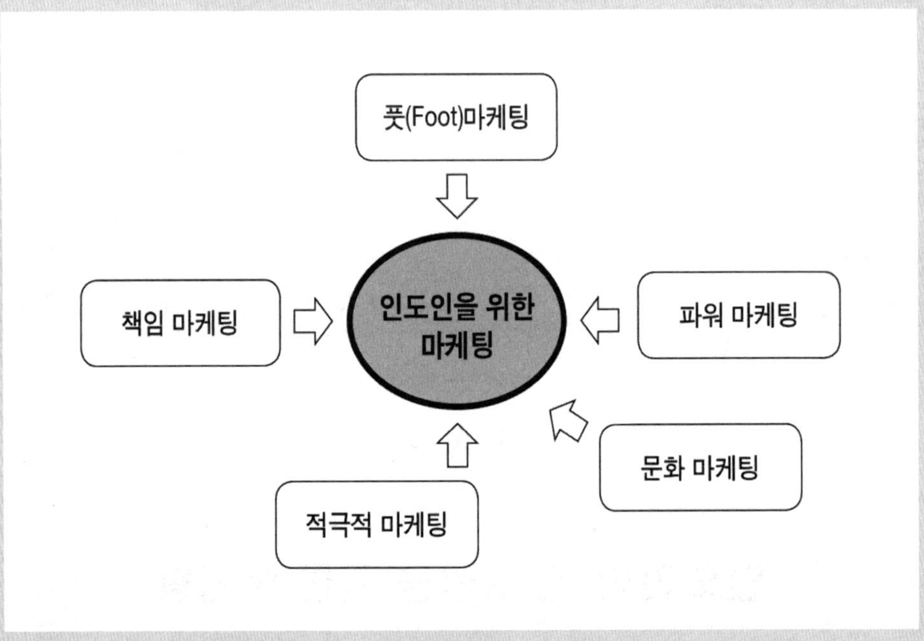

풋(Foot)마케팅
책임 마케팅
인도인을 위한
마케팅
파워 마케팅
문화 마케팅
적극적 마케팅

# 인도의 구석구석을 발로 뛰어라

마케팅은 차별화다. 차별화를 만들어내는 것이 곧 마케팅인 것이다. 생각이 달라야 한다. 최선의 마케팅보다 색다른 마케팅이어야 살아남는다. 똑같이 생각하고 행동해서는 이길 수 없다.

특히 후발주자로서 인도와 같은 새로운 시장에 뛰어들 때에는 남들이 하지 않은 마케팅 전략을 펼치면서 공격적으로 실행해야 한다.

## 실속 있는 마케팅(Practical Marketing)

대부분의 사람들은 멋있는 마케팅을 좋아한다. 마케팅이라는 것 자체가 상품을 잘 포장해서 고객에게 소개하는 것이기 때문에 자칫 실속보다 겉모양을 중요시하기 쉽다. 그러나 인간관계도 그렇지만 마케팅도 진솔해야 하고 자기 분수에 맞아야 한다. 전달하려는 메시지는 소박하고 단순하면서 스마트해야 고객에게 호소력이 있다. 전시하는 제품도 호화롭고 비싼 디자인보다 깨끗하면서 독특한, 그리고 단순한 디자인이 눈에 더 잘 띄고 고객을 감동시킨다. 항상 다른 회사와는 색달라야 한다. 하지만 이를 위해 반드시 비싸야 하고 호화로워야 한다고 생각하는 것은 잘못이다. 더불어 꼭 유명하고 큰 에이전트만이 훌륭한 디자인을 그리고 뛰어난 아이디어를 만들 수 있다는 고정관념을 버려야 한다. 작지만 우리 일에 목숨을 걸고 열심히 하는 회사가 진정으로 뛰어난 아이디어를 창조할 수 있다.

인도에서 시행착오가 있었다. 초창기에 비교적 작은 회사로부터 마케팅 도움을 받다가 몇 년 후 큰 회사로 바꿨다. 규모가 큰 마케팅 회사는 상대적으로 작은 파트너인 우리 회사의 광고 업무에 기울이는 흥미와 노력이 떨어졌다. 자연히 서비스의 질과 속도도 낮아졌다. 결국 우리 회사를 위해 헌신적으로 일했던 원래의 작은 회사로 다시 옮겼다. 크고 작은 규모가 문제가 아니라 얼마나 자기 일처럼 집중해서 노력하느냐가 중요하다는 것을 절감했다.

광고 내용도, 아름답지만 뜬 구름 잡는 식의 광고보다 땅 위에서 일상생활과 밀착된 소재로 만든 광고가 훨씬 호소력이 있다. 멋있는 광고보다 가슴에 와 닿는 소재를 끊임없이 발굴해야 한다. 여기에도 근본적인 철학이 작용한다. 진솔하고 소박한 생각이 중요하다. 가격 등 소비자에게 많은 혜택을 주는 것처럼 제시하는 조건 또한 소비자를 우롱하는 텅 빈 것이 되어서는 절대 안 된다. 책임질 수 있는 약속, 그리고 소비자에게 실제로 혜택이 돌아갈 수 있는 약속이어야 한다. 마케팅을 할 때 외부 컨설팅 회사를 이용하는 경우가 많이 있는데 이들에게 지나치게 의존하는 것은 금물이다. 내가 있고 컨설팅이 있는 것이다. 컨설팅 회사가 만병통치약이 될 수 없다. 컨설팅 회사의 의견은 하나의 의견으로 참고하는 것이지 이를 절대시하는 것은 책임회피에 불과하다.

### 컨설팅 회사의 한계

독일에서 근무할 때 세계 일류 컨설팅 회사의 직원을 판매와 마케팅 책임자로 채용한 적이 있다. 그로서는 자기가 컨설팅한 프로젝트를 직접 실행해야 하는 입장이 되었다. 하지만 컨설팅과 실행은 천양지차다. 결국 그는 자신이 추천한 방안을 실행하지 못했다. 세계일류 컨설팅 회사의 프레젠테이션은 논리정연하고 멋있는 방식으로 결론을 도출한다. 그러나 책임이 뒤따르지 않는, 아름답기만 한 프레젠테이션에 그칠 가능성이 많다. 책임이 따르는 것은 물론 당장 실천할 수 있는 실질적이고 실속 있는 마케팅을 철학으로 삼는 회사가 성장하고, 장기적으로는 시장의 신뢰를 얻어 훌륭한 회사가 된다.

## 발로 뛰는 마케팅(Foot Marketing)

　시장 속에 살아 있고, 고객에게 환영받는 마케팅이 기본이다. 입으로 하는 마케팅(Mouth Marketing), 탁상공론 마케팅(Desk Marketing)은 떨쳐내야 한다. 그러기 위해서는 시장을 자주 방문하고 고객의 소리를 들어야 한다. 현장에서 시장 상황과 그 요구를 정확하게 읽을 수 있다. 인도에서 100개 이상의 도시를 방문한 것으로 기억한다. 가는 곳마다 고객의 독특한 요구 사항과 우리의 문제점을 볼 수 있었다. 본부에 가만히 앉아서 결정할 때의 생각과 멀리 있는 고객의 입장에서 평가할 때의 그것은 많이 다를 수 있다는 것을 발견했다. 같은 사실이라도 보고를 받는 것과 내가 직접 고객에게, 그리고 시장에서 보고 듣고 느끼는 것은 엄청나게 다르다. 고객과의 대화도 전자메일로 하는 것과 전화로 하는 것, 그리고 직접 만나 이야기하는 것이 다 다르다. 저녁 식사 때 술을 한잔 함께 하면서 이야기하는 것은 또 다르다.

　인도의 먼 시골은 비행기가 없어 야간열차를 타고 밤새도록 가야 하는 곳도 있다. 이런 시골에 가면 큰 회사 최고 책임자가 오는 것이 처음이라고 하는 경우가 대부분이었다. 이런 시골에서 만났던 고객이 제기한 문제를 본사에서 논의하는 일도 있었다. 내가 방문했던 경험을 토대로 다시 한 번 그 고객의 사정을 그 사람 입장에서 검토하도록 지시하는 경우가 많았다. 이렇게 발품을 팔면서 인도 진출 첫해인 1997년 9개 지사로 출발해 5~6년 만에 인도 토종 기업보다 많은 판매망을 확보했다. 그동안 40여 개 지사와 70여 개의 영업소, 소규모 지사까지 합치면 186개 영업망을 구축했다. 40여 개 지사는 독립회사처럼 재고, 영업, 수금, 회계, 서비스 등 모든 활동을 독자적으로 했다. 각 주마다 세법이 다르기 때문에 별도의 재고 관리, 별도의 영업, 별도의 세금납부를 하는 독립법인과 같았고 영업소는 영업 기능만 가졌다. 이 같은 네트워크가 인도에서의 성공을 이끌었다. '후발주자도 이런 판매망을 갖추면 되지 않겠는가'라고 하지만 결코 쉬운 일이 아니다. 광범위한 판매망이 성공적으로 작동하려면 엄청난 관리 능력이 필요하다. 돈만 가지고 되는 일이 아니다. 관리에 대해서는 별도로 이야기하겠다.

1977년부터 3년간 아랍에미리트의 두바이에 지사를 세우고 지사장으로 일할 때도 비슷한 경험을 했다. 두바이는 덥기 때문에 많은 회사가 직접 방문하기보다 팩스로 업무를 처리하는 경우가 많았다. 하지만 무더위를 뚫고 직접 찾아가면 고객이 경쟁사에서 온 팩스를 보여주면서 1센트라도 싸면 나에게 주문하겠다고 했다. 역시 팩스보다 발로 뛰는 사람이 이기는 것이다. 이런 곳에서도 남보다 자주 고객을 직접 찾아가는 사람이 이긴다.


## 1등주의 마케팅(Number One Marketing)

시장에서는 1등을 목표로 해야 살아남는다. 이렇게 목표를 높게

잡는 조직과 그렇지 않은 조직은 철학과 행동 모든 것이 다를 수밖에 없다. 1등이라는 것은 모든 면에서 1등이라는 이야기다. 우선 시장 점유율이 1등이어야 하고 이익이 1등이어야 한다. 직원의 만족도도 1등, 사회공헌도도 1등, 소비자 만족도도 1등이어야 한다는 것이다. 품질도, 생산성도, 기술력도, 급여도, 복리후생도 1등이어야 시장에서 1등이 된다. 협력회사의 만족도도 1등이어야 하는 등 우리와 거래하는 모든 사람이 1등이어야 한다. 1등이라는 목표가 있어야 혁신을 요구하게 된다. 혁신이 무엇인가. 남다른 생각, 창의적인 생각, 과감한 실천을 통해 목표를 달성하는 것이다. 마케팅에서의 혁신은 남다른 방법으로 남이 안 가는 길을 가는 것이다. 1등이 되겠다는 의지가 혁신의 원동력이다.

## 공격적 마케팅(Push Marketing)과 소비자가 찾는 마케팅 (Pull Marketing)

이 두 방식이 조화를 이루는 게 가장 이상적이지만 굳이 고르라면 적극적·공격적인 마케팅이 이긴다. 인도는 대리점이 복수 브랜드를 취급하기 때문에 그 가게에서 중요한 자리를 차지하기 위한 경쟁이 치열하다. 쉽게 말하면 대리점의 선반에 제품을 갖다 놓아야 소비자에게 팔리는 것이다. 역설적으로 재고가 많아야 가게 주인이 처분하려는 노력도 많이 하게 된다. 물론 장기적으로 볼 때 소비자에게 팔리지 않는 물건을 팔라고 무리하게 강요하면 가격을 내려 팔아야 하고 그러다보면 판매대금 회수가 문제된다. 다음에 다시는 그 물건을 가져가지 않는 악순환이 있을 수 있다. 그래서 조화가 필요하다는 이야기지만 권유(Push) 없이 판매(Sales)는 없다는 말을 명심해야 한다. 우리가 차지하지 않으면 바로 그 순간 그 몫이 경쟁사로 넘어간다. 세상은 적극적인 사람, 공격적인 사람이 이긴다. 그들이 끊임없는 시행착오를 통해 발전해 나간다. 몇 십 년이나 그 시장에 자리 잡고 있는 경쟁자를 무엇으로 이기겠는가. 경쟁자보다 몇 배 더 적극적이고 공격적이지 않으면 절대 성공하지 못한다. 그 경쟁자보다 더 많은 시행착오를 각오해야 하는 것이다.


## 다른 길을 가는 마케팅(C Way Marketing)

'경쟁자와 다른 길을 간다'는 뜻에서 'C Way 마케팅'을 채택했다. 전부 'A Way'로 갈 때 우리는 'C Way'로 가야 살아남는다. 경쟁자를 이기기 위해서는 다른 길을 찾아야 했다. 인도에 진출해서 처음 시도한 것이 에어컨을 일반 가전 소매상에서 텔레비전과 함께 파는 일이었다. 전에는 생각할 수 없었다. 전통적으로 에어컨은 전문점에서 판매하고 설치하는 특수 제품으로 간주했기 때문이다. 그러나 우리는 그런 고정관념을 깨려고 했다. '에어컨이나 냉장고나 가전제품이라는 점에서 다를 것이 없다'는 생각으로 일반 가전 유통을 통해 판매에 나섰다. 그리고 단숨에 1등자리를 차지했다. 전형적인 'C Way 마케팅'의 성공이었다. 상대방의 허를 찌른 게 비결이었다. 당시 에어컨 부문 연평균 성장률(CAGR)은 50%나 되었고, 매출액은 1998년 1,000만 달러 선에서 2006년에는 2억 3,800만 달러로 상승했다.

인도의 IT 산업에서 대부분의 회사는 전국 도매상(National Distributor)을 한두 군데 사용하는 것이 통례다. 관리가 용이하기 때문에 소수의 큰 거래선을 원하는 것이다. 그런데 우리는 240여 명의 지역별 도매상을 이용했다. 다수의 작은 거래선을 추구한 것이다. 경쟁사와 확실하게 차별화하기 위한 '다른 길을 가는 마케팅'이었다. 관리하기는 어렵지만 많은 거래선이 전국 방방곡곡에서 더 많은 고객과 접촉할 수 있는 장점이 있었다. 그리고 고객과 직접 접촉하기 때문에 소비자의 목소리를 훨씬 빠르고 정확하게 파악할 수도 있다. 소수의 큰 거래선과 거래하면 그 사람은 다시 작은 거래선과 거래하는 과정을 통해 고객과 만나는 탓에 그만큼 시장의 반응에 늦게 대응할 수밖에 없다.

그뿐 아니라 큰 거래선이 오히려 우리에게 명령하는 경우가 많다. 시장 질서를 위해 우리가 마케팅 전략을 수립해 거래선이 따르도록 해야 하는데 말을 잘 듣지 않는다. 계약 조건을 위반하거나 시장 질서를 어지럽혀 이를 바로 잡기 위해 규제를 해야 할 경우에도 쉽지가 않다. 덩지가 너무 큰 탓이다. 마케팅 전략을 일사불란하게 적용하기 위해서는 작은 딜러, 작은 거래선을 지방 곳곳에 많이 확보하는 것이 최선의 방법이다. 이를 위해서는 지사를 충분히 설치하는 등 촘촘한 영업망이 있어야 한다.


## 더 중요한 시골 마케팅
(Rural Marketing: Upcountry Marketing)


인도는 인구의 70%가 지방, 30%가 도시에 산다. 구매력은 반대다. 도시가 70%, 지방은 30% 수준이 될 것이다. 이렇게 생각하면 지방과 도시의 비중은 50대 50으로 볼 수 있는데 모든 회사가 도시에 있기 때문에, 또 그래서 직원이 도시에 많이 살기 때문에 판매나 마케팅을 도시에 편중시킨다. 인도의 시골은 접근하기도 쉽지 않고 환경도 열악하기 때문에 잘 가지 않으려고 한다. 여기서도 발상을 전환할 수 있다. '남들이 가기 싫어하는 곳을 열심히 가는 것이 바로 차별화가 아닌가'라고 말이다. 그래서 우리는 그 깊은 시골에 지사를 만들고 영업소를 개설했다. 도시는 경쟁이 치열해서 이익이 적다. 반면 시골은 상대적으로 많은 노력을 요하지만 경쟁이 도시보다 적기 때문에 이익은 많이 난다. 똑같은 논리로 살기 좋은 선진국보다 살기 어려운 후진국이 장사하기에 오히려 더 기회가 많은 것이다.

인도 판매원들도 이런 깊은 시골에는 되도록 가지 않으려고 했다. 회사 설립 초기에 오지에 영업소를 만들자고 하자 "환경이 열악해서 직원이 살기 어렵다" 또는 "게릴라가 준동해 안전이 문제된다"

는 등의 이유를 대며 반대하는 경우가 있었다. 하지만 그들이 안 된다고 한 곳을 영업소를 개척해서 찾아가 보면 전혀 그런 염려가 없는 지역이라는 사실을 발견한 일도 있다. 인도 북동부 오리사(Orissa) 주에 있는 루르켈라(Rourkela)가 그런 곳이었다. 현지 직원들은 "치안 상태 때문에 가기 힘들다"고 했지만 3~4년 후 마침내 지사를 열고 보니 그곳에 제철공장이 있어 잠재 구매력이 큰 도시였다. 현지 직원이 거짓말을 한 것은 아니고 우리 한국 사람과는 달리 위험과 안전에 훨씬 민감한 까닭이었다. 심지어 네팔에 있는 거래업체가 인도 판매원을 소개해달라고 해서 권해봤지만 안전을 이유로 가지 않은 경우도 있었다. 이때 '그렇다면 수많은 외국 관광객들은 어떤 생각으로 네팔에 가는 것인가'라고 생각하면서 우리와 비교해보게 되었다. 우리는 대부분 군대도 갔다 오고 해서 일종의 투쟁심이나 전투 의식이 더 강한 것 같았다. 웬만한 어려움은 대수롭지 않게 여기는 것이다.

# 인도식 마케팅 파워를 키워라

파워를 가진 자가 좋은 조건으로 판매하면서 시장을 장악한다. 파워는 브랜드 파워, 제품의 퀄리티에서 나오는 파워, 인간관계의 힘, 시장 내에서의 독특한 위치 등으로 이야기할 수 있다. 중요한 것은 항상 자기 나름대로의 힘을 찾아 활용하고 키우는 것이다. 사업도 좋은 의미에서 역학관계의 윗자리를 차지해야 하는 것이다.

## 마케팅 파워를 키우는 7가지 방법

### 첫째, 지역 독점권을 부여하라

브랜드가 별로 알아주는 것이 아니고, 상품도 그다지 특별하지 않더라도, 시장에서의 역학관계를 잘 이용하면 자기에게 맞는 거래업체를 찾아 클 수 있다. 예를 들면 시장에서 항상 1등에게 치이는 2등 거래업체를 잡아 이전에는 아무도 주지 않던 그 지역 독점권을 주면 2등 거래업체는 남다른 노력으로 부족한 브랜드를 판촉해서 그 지역에서 성공하는 경우를 많이 볼 수 있었다.

**둘째, 거래업체의 경쟁자와 거래하라**

인도에서 가장 경쟁이 치열한 곳은 국제무역항과 국제공항이 있는 인도 최대의 도시 뭄바이(Mumbai)다. 모든 브랜드가 이곳을 집중 공략하기 때문에 판촉비용이 엄청나게 나간다. 그래서 우리는 뭄바이에서는 2등도 좋다는 전략을 세웠다. 투자의 효율성을 고려한 것이다. 이곳에 인도에서 가장 큰 거래처가 있었는데 판촉비 지원을 과도하게 요청했다. 많은 브랜드가 어쩔 수 없이 이를 수용하고 거래했지만 우리는 그들의 요구를 들어주지 않았다. 그렇게 하기 위해서는 그들에게 의존하지 않아도 될 수 있도록 또 다른 판매처를 갖고 있어야 한다. 이를 확보하기 위해서는 그들의 경쟁자를 공격적으로 지원하는 방법이 있다. 그러면 제일 큰 거래업체는 우리가 경쟁사로 가는 것을 막기 위해 타협할 수밖에 없다.

**셋째, 거래업체를 다변화하라**

장기적으로 기 싸움에서 이기기 위해서는 단기적으로 손해를 보더라도 원칙을 고수하고 기다려야 하는 경우도 있다. 또 그러기 위해서는 버틸 수 있는 힘이 있어야 한다. 거래업체의 다변화가 필요한 이유가 여기에 있다. 인도 북서부 펀자브(Punjab) 주의 철도 교통의 요지인 루디아나(Ludhiana)라는 도시에 오래되고 규모가 제일 큰 도매상이 있었다. 우리와는 인도에 진출한 첫해인 1997년부터 거래해 왔고, 그 도매상 대표의 부친과도 친분이 깊은 거래처였다. 이 업체는 오랫동안 이 근방의 독점 거래처로 보호받아 오다가 우리가 인근 잘란다르(Jalandhar)라는 도시에 지사를 설치하면서 구역을 축소했다. 결국 이 거래처는 경쟁사로 넘어 갔지만 구역을 양분하려는 정책하에 두 지사를 나누어 관할하도록 한 이유는 한 거래처가 너무 커지는 것을 방지하려는 전략 때문이었다. 작은 거래처는 키워주고 큰 거래업체는 견제해야 한다는 생각이었다. 이 또한 힘의 역학관계를 고려한 것이었다.

### 넷째, 분쟁은 신속하게 해결하라

오랫동안 거래하다 보면 아무리 좋은 거래처라도 분쟁이 생기게 마련이다. 사소한 분쟁은 대부분 연말에 중간선에서 타협해서 해결해줬다. 많은 경우 옛 지사장이 지원해주기로 한 약속을 지키라는 것에서 분쟁이 시작된다. 물론 서류가 없어 분쟁이 되는 것이다. 시간을 두고 다투다가 연말에 그동안의 거래 상황을 보고 되도록 해결해 주도록 해서 불만이 없도록 했다. 진실은 누구도 모르는 것이다. 그러나 이를 핑계로 현재 거래하고 있는 물품의 대금을 지급하지 않으면 법률적인 방법을 동원하는 등 단호하게 대처해서 꼭 받아냈다. 지독할 정도로 이런 원칙을 고수했기 때문에 시장에서 우리 돈은 절대 떼어 먹을 수 없다는 분위기가 조성되었다. 인도의 소송은 정상적으로 진행하면 시간이 엄청나게 소요된다. 상대방은 모든 로비를 동원하기 때문에 결국 법과 로비의 싸움이 된다. 그러나 대부분 우리가 이겨 돈을 전액 받아냈다. 담보용으로 받아 놓은 수표를 돌려 사기가 되도록 처리하는 식으로 해서 경찰을 활용하는 수도 있었다. 이럴 때는 상대방이 부당하다고 소송을 걸어 다시 소송으로 비화하는 경우가 많았다. 결국 경찰·법원 로비 등 복합적인 노력이 필요한 것이다.

다행스럽게 그동안 수금과 관련된 소송에서 대부분 이겼다. 이는 사전에 거래담보용 수표를 받아 놓은 것, 그리고 조직 내에 법제팀과 퇴역 군인 출신이 포진한 총무팀 등이 구축한 강력한 팀워크, 브랜드 파워 등이 총체적으로 어우러진 덕분이었다. 이렇게 이긴 뒤에는, 그리고 수금을 한 후에는 그들이 요구하는 많은 것을 들어줘 원망을 사지 않도록 한 게 남다르다면 다른 점이었다. 업계에서 진정 힘 있는 자가 되기 위해서는 아량을 베풀 수 있어야 하는데 아량도 이긴 자의 몫이다.


### 다섯째, 애프터서비스도 1등하라

인도에서 매년 600만 개 이상의 제품을 판매했는데 활발하게 사용하는 기간인 5년 단위로 보면 3,000만 명, 약 2,000만 가정이 우리 제품을 사용하고 있다고 가정할 수 있다. 그러다 보니 별난 문제, 별난 불만이 다 접수되었다. 인도 소비자는 어느 나라 소비자보다 까다

롭다. 쉽지 않은 소비자다. 소비자의 성향도 성향이지만 환경 등 다양한 요인이 작용하는 까닭이다. 이런 악조건 속에서 그래도 우리가 제일 낫다는 말을 소비자들에게 들어야 하는 것이다. 이를 위해서는 애프터서비스가 1등이어야 한다. 그래야 진정한 1등이 된다. 비용도 많이 들고 시간 소비도 많은 일이다. 전국적인 서비스망을 갖추고 관리를 잘해야 한다. 광대한 인도 시장에서 이러한 인프라를 갖추고 관리를 잘하는 것이 결코 쉬운 일이 아니다. 그러나 거꾸로 그렇기 때문에, 즉 아무나 쉽게 할 수 있는 일이 아니기 때문에 기회가 있다. 이런 도전은 한 번 해볼 만한 가치가 있지 않겠는가.

## 별난 환경, 별난 소비자

인도는 전기·전자 제품을 사용하기에 환경적인 장애 요소가 많다. 무엇보다 먼지가 한국보다 4~5배는 많을 것이다. 한두 달에 불과한 우기에 비가 조금 내리는 지역이 많은 데다 비포장도로도 많다. 전반적으로 기온이 높은 아열대성 기후인 탓도 있다. 바로 이 먼지가 전기·전자 제품에는 치명적인 해를 끼치기 일쑤다. 먼지가 제품 속으로 들어가 좋은 도체가 되는 것이다. 쉬운 말로 합선이 일어나게 한다. 떨어져 있어야 할 두 부품이 먼지를 매체로 연결되면 잘못 작동하고 스파크가 일어나 화재가 나는 경우도 왕왕 있다. 전자 제품에는 인화성 부품이 많다. 텔레비전에서 종종 화재가 발생해 제품만 전소하는 것은 오히려 다행스러운 상황이다. 응접실이 전소하는 수도 있는데 안타까운 일은 반드시 우리 제품 탓이라고 할 수 없는 경우도 많다는 것이다. 결국 소비자와 타협하는 수밖에 없다.

다음은 해변에 사는 소비자가 문제다. 소금기 있는 습기가 외부에 노출되는 전기 제품의 적이기 때문이다. 인도처럼 해안선이 긴 나라, 그리고 삼면이 바다인 나라에서는 염분에 강한 제품을 만들어야 한다. 특히 에어컨의 경우 실외기가 바닷바람에 아주 쉽게 부식된다. 비싸지 않으면서 쉽게 부식되지 않는 부품을 사용해서 만드는 것을 연구할 필요가 있다.

소비자가 잘못 사용하는 경우도 많다. 냉장고에 담요를 덮어 놓기도 한다. 냉장고의 열은 자연 통풍으로 발산되어야 하는데 이를 막으면 온도가 올라가 오작동될 수 있다. 가정용 제품을 상업용으로 과도하게 사용해도 문제가 생길 수 있다. 어떤 특수 실험실에서 컴퓨터 모니터를 하루 24시간 켜 놓고 몇 달을 계속 사용하다 문제가 생긴 일도 있었다. 이런 고객에게는 아무리 이유를 설명해도 납득하지 못한다. 그래서 사용설명서에 이를 명기하기로 한 기억이 있다. 도로 상태가 열악한 것을 비롯해 트럭 운전기사나 창고 근로자가 거칠어 운송 도중에 발생하는 불량도 엄청나다. 외관 불량이 모든 불량 가운데 3분의 1은 차지할 것이다. 환적은 되도록 피해야 하고 거치는 곳이 많아서는 안 된다.


## 여섯째, 소비자 만족도를 높여라

서비스 만족도를 전화 모니터링 등으로 끊임없이 조사하고 향상시키려는 노력은 훌륭한 판촉 활동이 된다. 광고보다 강력할 수 있다. 소비자들의 불만 접수는 각 지사가 했고 본부는 적은 인원으로 전국적인 모니터링을 했다. 과연 어떤 지사가, 그리고 어떤 서비스 센터가 잘하고 못하는지를 체크하는 것이었다. 인도는 각 지방마다 언어가 달라 본부 모니터 요원도 지방언어를 할 수 있는 자원을 확보해서 직접 소비자가 아닌, 거래처 또는 대리점을 접촉해 우리 서비스를 평가하도록 했다. 그리고 여기서 나오는 결과를 토대로 인센티브를 달리하거나 벌금도 매겼다. 철저한 관리 평가를 통해 서비스가 향상되도록 한 것이다. 서비스는 중요한 마케팅의 하나다. 판매보다 어려운 일이다. 서비스를 잘하는 회사는 관리력이 뛰어난 회사다. 관리력이야말로 비즈니스 전반은 물론 제조에서도 가장 중요한 핵심 역량으로 볼 수 있다. 어느 기술보다 어렵고 중요하기 때문이다.

**일곱째, 독특한 콘셉트로 소비자를 움직여라**(New Concept Marketing)

마케팅은 말을 골라 그 의미를 명확하게 정의하고, 그 용어를 적재적소에 잘 활용하는 것이 관건이다. 상품명이 얼마나 중요한가. 그리고 제품의 특장점(Unique Selling Point: USP)을 소비자에게 호소력 있게 인상적이면서 독특한 용어로 함축적으로 전달하는 것은 정말 중요하다. 늘 '마케팅은 새로운 용어와의 싸움'이라는 것을 강조했다. 마케팅은 독특한 용어 또는 콘셉트를 누가 잘 만드는가에 그 성공 여부가 달려 있기 때문이다. 이런 맥락에서 마케팅 담당 인도 직원의 뛰어난 상상력을 높이 평가하곤 했다. 이들은 이렇다 할 특색이 없어 보이는 제품에 독특한 특장점을 발견, 소비자에게 인기 있는 제품으로 만들어 잘 팔리게 하는 능력을 발휘했다. 특장점을 만든다는 것이 무엇인가. 우리 제품을 다른 회사 제품과 다르게 한다는 것인데 상품기획에서 출발할 수도 있고, 있는 제품에서 남다른 점을 찾아내는 경우도 있다. 그 남다른 점을 나타내는 용어가 중요한 것이다. 결국 특장점은 독창적인 용어로 귀착된다. 해외 법인은 한국 본사의 설계를 일부 수정해서 쓰는 경우가 많다. 한국에서 시작하는 기획 단계부터 독자적으로 현지에 맞는 특장점을 반영하기란 쉬운 일이 아니다. 있는 기능을 몇 개 종합해서 독특한 단어나 문장으로 표현하고 그리고 그 용어들을 포괄할 수 있는 더 큰 콘셉트를 만드는 것이 바로 마케팅이라고 생각하는데 인도 팀이 이런 일을 잘 했다.

### Compu3, Golden Eye, PN System을 아십니까

우리만의 개념, 콘셉트로 소비자에게 우리 제품이 경쟁사 제품과 다르다는 점을 분명하게 인식시킬 수 있다. 가령 한 제품에 있는 세 가지 기능을 묶어 Compu3라는 새로운 용어를 만들면 우리 제품은 남이 없는 Compu3라는 특장점을 갖게 되는 것이다. 여러 특장점을 포괄하는 콘셉트를 논의한 결과 건강을 내세우기로 한 적이 있다. 모든 제품 광고를 건강에 초점을 맞춰 하기로 했고, 일관되고 꾸준한 노력으로 결국 소비자들의 좋은 반응을 얻었다. 특히 텔레비전은 눈의 건강을 해치지 않는 기능을 갖고 있는 Golden Eye라는 특수한 부품을 개발해 대성공을 거뒀다. 지금도 인도 텔레비전 영업 역사에서 가장 성공한 특장점 개발이었다고 평가한다. 냉장고의 경우에는 영양을 보존하는 기능(Preserved Nutrition System: PN System)을 갖고 있다는 콘셉트를 잡아 경쟁 제품과 차별화했다. PN System은 우리 회사 냉장고가 갖고 있는 건강 관련 세 가지 기능을 묶은 독특한 시스템으로 이름 붙인 것이다. 어떤 제품이라도 이런 개념을 만들어낼 수 있다.

# 19

# 인도 문화와 마케팅을 연계하라

인도 소비자는 특히 유명 브랜드 선호도가 높다. 구매하기 전에 미리 브랜드를 결정하는 경우가 50% 이상이다. 소비자는 어떤 브랜드를 왜 선호하는가. 품질도 실제 품질과 소비자가 생각하는 품질에 차이가 있을 수 있다. 어떻게 하면 인도에서 브랜드 이미지를 높일 수 있을까.

## 브랜드 이미지를 높이는 7가지 방법

### 첫째, 인도의 국민 스포츠를 활용하라

돌이켜보면 인도 마케팅의 성공은 1999년 영국에서 열린 크리켓 월드컵 대회의 첫 번째 공식스폰서가 되면서부터 시작되었다. 영국에서 탄생한 크리켓은 인도 등 영연방 국가에서 남녀노소를 가리지 않고 열광하는 스포츠다. 인도 빈민촌에서도 몇 명이 모여 크리켓 경기를 즐기는 것을 쉽게 볼 수 있다. 축구보다 공간이 많이 필요치 않고 공과 막대기로 어렵지 않게 할 수 있는 스포츠이기 때문이다.

이런 크리켓을 마케팅 차원에서 활용하려 했다. 스폰서 비용은 거금 2,000만 달러였다. 서울 본사와 반반씩 나눠 부담하기로 했는데 본사는 소극적이었던 반면 우리가 적극적이었다. 본사를 설득해서 강행했다. 결과적으로 크리켓 국제 대회를 이후에도 6년간 독점 후원하면서 우리 브랜드 인지도를 엄청나게 높일 수 있었다. 크리켓 대회 후원을 계기로 더 이상 우리 회사 제품은 인도 시장을 공략하는 외국산 제품이 아닌 친근한 제품이라는 이미지가 심어지게 되었다.

인도에서 새로 사업을 시작하는 기업은 꼭 크리켓이 아니더라도 폴로, 필드하키, 축구 등 인도인이 좋아하는 스포츠를 마케팅과 연계해서 몇 년간 꾸준하게 지원하고 홍보하면 브랜드 인지도를 높일 수 있을 것이다.

### 둘째, 총체적으로 1등을 하라

너무 당연한 말이지만 여기에는 또 각별한 의미가 있다. 1등 브랜드, 1등 회사는 신문이나 잡지, 텔레비전 등 대중매체가 항상 주목한다. 돈을 안 들이고도 엄청난 홍보 기회를 자동적으로 갖는 셈이다. 2등을 하더라도 더 좋은 가격으로 더 많은 이익을 추구하며 상위 브랜드로서 고고한 지위를 누리는 것이 더 높은 수준의 마케팅이 아니냐고 주장하는 사람도 있다. 그렇지 않다. 2등을 목표로 하면 3등, 4등을 전전하다 결국 시장에서 퇴출된다. 인도에서 일본 소니 브랜드의 위치를 보면 알 수 있다. 소극적 사고방식으로 임하면 결국 퇴출의 길로 간다. 시장에서 1등이라 하면 무엇이든 1등을 목표로 해야 한다는 것이다. 인도에는 비싼 모델도 있고 싼 모델도 있다. 모든 영역에서 1등을 하려고 노력해야 한다. 결국 이런 종합적인 1등이 소니보다 훨씬 높은 브랜드 선호도를 유지할 수 있게 했다.

### 셋째, 현지 직원을 귀하게 여겨라

회사가 직원을 귀하게 여길 때 그는 바깥에서도 귀한 대접을 받는다. 그리고 자신의 회사를 귀하게 여긴다. 직원이 가장 훌륭한 홍보원이다. 그들의 가족과 친지에게 "우리 회사가 이런 점에서 훌륭하다"라고 이야기한다면 그 회사는 정말 훌륭한 회사다. 우리 회사 총각들이 결혼할 때 신랑에 대해 사회에서 평가해주는 가치 또는 신분이 매년 높아지는 것을 보는 것은 큰 보람이었다.

### 넷째, 거래 상대에게 양보하라

고객, 공급업자, 운송업자, 서비스업자 등 우리와 거래하는 또는 상대하는 모든 사람에게 좋은 인상을 남기려는 노력을 해야 한다. 이웃이 우리 고객이고 우리 홍보원이다. 그래야 1등 기업이 된다. 소비자의 불만이나 때로는 어처구니없는 요구도 논쟁하고 설득하다 결국에는 우리가 양보해서 들어줬다. 거래업체와의 관계도 되도록 큰 회사가 양보하는 방향으로 결론지었다. 그들이 우리 회사에 좋은 인상을 갖도록 하기 위한 것이었다.

**다섯째, 지역 봉사 활동(Corporate Social Responsibility: CSR)을 적극적으로 하라**

지역 사회와 긴밀한 유대 관계를 유지해야 한다. 지역에서 우리 공장이 운영되고 우리 직원은 그 지역 사회에서 산다. 우리 아이들은 지역 사회에 있는 학교에 다니고, 우리의 귀중한 고객은 바로 그 지역의 중요한 구성원들이다. 떼려야 뗄 수 없는 관계다. 우리는 지역 사회에 도움을 주기 위해 공장 인근에 있는 형편이 어려운 동네의 학교에 매년 학용품을 지원했고 뉴델리 인근 노이다(Noida)와 뭄바이 인근 푸네(Pune) 공장 근처에 병원을 하나씩 지어 직접 운용했다. 병원은 영어로는 병원(Hospital)이라 하지 않고 약품배급소(Dispensaries)라고 썼지만 의사가 진료도 하고 간단한 수술까지 할 수 있는 시설을 갖췄다. 거의 무료에 가깝게 운영했다.

인도 정부는 병원이나 학교 건물을 건축해서 기증하는 것은 받지 않는다. 시설이 있어도 운영이 어렵고 문제가 많은 탓이다. 아예 운영까지 해주기를 바란다. 우리가 학교를 하나 지어 운영해볼 생각으로 노이다 공장이 있는 지방정부와 부지 문제를 두고 교섭한 일이 있었는데 절대 싸게 줄 수 없다고 해서 포기한 적도 있다. 설령 부지를 싸게 산다 하더라도 교사 고용 등 일체의 학교 운영 및 관리를 책임져야 하기 때문에 쉬운 일이 아니었다. 그래도 각 지역에 산재한 40

여 개 지사는 매년 일정 예산으로 지역 봉사활동을 하도록 적극 독려했다. 지역 사회의 좋은 호응이 공장 운영에 절대적인 영향을 미치기 때문이다. 회사 직원도 자신이 다니는 회사가 지역 사회에서 존경받을 때 더 큰 보람을 느낀다.

### 여섯째, 좋은 문화를 가져라

기업이 좋은 문화를 가져야 한다. 기업은 돈 버는 기계가 아니다. 한 기업을 중심으로 직원과 협력회사, 거래업체 등 수 많은 사람들이 생의 보람을 추구하며 살아간다. 그 기업과 관계되는 모든 사람이 즐겁고 행복하게 살아갈 수 있도록 하기 위해 기업이 존재하는 것이다. 세계 3대 도자기업체 가운데 하나인 영국 웨지우드(Wedgwood) 창업자의 후손은 "명품이 되기 위해서는 품질이 우수해야 하는 것은 물론 역사와 철학이 있어야 한다"라고 강조했다. 철학 없는 회사가 좋은 문화, 진정한 명품을 만들 수 없다.

### 일곱째, 환경 친화적인 공장(Green Factory)을 만들어라

인도에서 공장을 준공한 1998년부터 매년 나무 수백 그루씩을 심었다. 세계에서 가장 나무가 많은 공장으로 만들려는 생각이었다. 가장 좋은 도시가 무엇인가. 가장 나무가 많은 도시다. 가장 깨끗한 공장 또한 가장 나무가 많은 공장이다. 10년 후 우리 공장을 다시 찾았을 때 나무로 뒤덮인 공장이 되어 있을 것으로 기대하고 있다. 뿐만 아니라 공장 앞에는 넓은 잔디밭과 연못, 분수 등을 만들어 토끼와 오리를 기르고 물고기들이 살 수 있도록 했다. 삭막하기 쉬운 공장을 동물들이 잘 살 수 있는 동물원처럼, 그리고 나무가 많은 숲처럼 만들려고 노력했다. 이 덕분에 인근 지역 사회에서 시상하는 가장 아름다운 정원(Best Garden) 상을 수상하곤 했다. 직원들에게는 이 또한 큰 자랑이었다. 환경 친화적인 공장은 우리 직원은 물론 지역 사회에도 기여하는 것이다.

# 배드(Bad) 마케팅에는
# 당당하게 대응하라

영업 활동은 정정당당하게 해야 한다. 경쟁사를 모함해서 이기려는 장수는 야비하다. 경쟁사를 공격하기보다 소비자에게 더 매력적인 제품으로 다가가려고 노력해야 진정으로 시장에서 이길 수 있다. 인도에서 우리가 급속도로 커나가자 경쟁사들은 우리를 견제하기 위해 위협적이고 심각한 공격을 할 때가 많았다. 소송이 이어졌고 은밀한 음모와 모함까지 따랐다. 심지어 소송에서 졌다면 영업을 중단해야 하는 위태로운 사태까지 몇 차례 있었다.

예를 들면 세탁기 제조기술 이전 계약불이행을 이유로 판매 중지 소송에 휘말린 일이 있었다. 이 건은 한국 본사와 인도 제조업체 간에 일어난 분쟁에서 우리가 본사의 자회사로서 피고가 된 경우였다.

한국 본사가 기술 이전 계약을 성실히 이행하지 않았다는 것이다. 결국 한국 본사와 인도 제조회사가 타협해서 한국 본사가 손해를 배상하는 것으로 마무리되었다. 그러나 제2막이 있는 법. 몇 년 후 우리 회사가 인도에서 성공하면서 1등까지 차지하자 이 세탁기 제조업체가 텔레비전 부품을 우리에게 공급하고 싶어 했다. 세상은 다시는 안 볼 것처럼 마지막으로 생각하고 상대해서는 안 되는 것이다. 그러다가는 큰 코 다칠 수 있다. 텔레비전 부품 공급 문제를 두고 우리가 이 회사를 우호적으로 대할 리 없었다.

소송까지 가지는 않았지만 경쟁사의 모함으로 곤경에 처한 경우도 많았다. 가령 인터넷을 이용해서 조작된 소문을 끊임없이 퍼트리는 것이다. 대표적으로 우리 회사가 만든 텔레비전에서 과도한 전자파가 나온다는 설이 온라인에 떠돈 일이 있었다. 이에 우리는 회사 IT 전문가가 최초 발신자를 추적해 찾아내게 했다. 그리고 그 회사 책임자에게 최초 발신자를 징계토록 대처했다. 맞설 때는 단호하게 해야 했다. 에어컨 판매에서도 1등을 하자 우리가 싸고 질 나쁜 부품을 사용해서 가격을 낮추고 있다는 역선전까지 나와 큰 어려움을 겪기도 했다. 소비자에게 좀 더 나은 제품으로 승부를 거는 것이 아니고 경쟁사를 험담해서 이기려는 태도는 오래 갈 수 없다. 배드(bad) 마케팅일 뿐이다.

### 냉장고 용량 표시를 둘러싼 소송

냉장고 용량 표시를 트집 잡은 판매 금지 소송이 있었다. 부적절하게 용량을 표시해 소비자를 기만했다는 주장이었다. 냉장고를 생산하는 두 업체가 연합해서 우리 회사를 상대로 법정 투쟁을 전개했다. 한 업체는 인도의 토종 기업이었고, 또 한 업체는 인도에서 겨우 명맥을 유지해가던 미국 제조회사였다. 인도는 냉장고 용량 표시에 대한 공인 규정이 없었기 때문에 여러 가지 방법으로 계산할 수 있었다. 소송은 일 년여나 끌었으나 치열한 법정 공방을 거쳐 영업중단이라는 최악의 사태는 면했다. 하지만 당시 소송 건을 계기로 공인 규정은 없더라도 더욱 신중하게 용량을 표시하도록 검토하게 되었다. 이 법정 투쟁에서 크게 도움이 되었던 것은 인도 최고의 공과대학인 IIT(Indian Institute of Technology)에서 근무하는 교수의 실험 결과 보고서였다. 경쟁사에서는 이 교수를 매수하려 했고, 매수가 불가능해지자 이 교수를 우리 회사가 매수했다고 주장하는 등 참으로 어려운 고비가 많았다. 하지만 결국 우리가 이겼다.

## 터무니없는 비난

터무니없는 비난도 극복해야 한다. 우리가 시장을 주도하자 경쟁사와 언론은 끊임없이 '저가 판매에 힘입은 것'이라는 주장을 제기했다. 무엇이 저가 판매이고, 무엇이 적정가 판매인가? 경쟁사의 가격과도 관계가 있고 이익과도 관계가 있다. 시장점유율을 무시할 수도 없다. 판매가격은 매우 유동적이다. 같은 가격의 제품이더라도 다른 조건이 있는지에 따라 달라진다. 조건이 다르면 가격도 달라질 수 있는 것이다. 시장점유율을 선도하고 이익도 괜찮다면 구태여 경쟁사와 애매한 가격 차이로 신경전을 벌일 필요가 없다. 설령 가격이 약간 낮더라도 그것은 시장 선점의 의미로 볼 수 있다. 가격은 경쟁사보다 높으면서 시장점유율이 낮다면 절대 바람직하지 않다는 것이 내 생각이다. 저가 판매 혹은 적정가 판매는 상당한 기간을 두고 분석해야 한다. 단기간의 시점을 칼로 자르듯이 잘라 분석하고 판단하는 것은 위험하다. 상당 기간 동향을 분석한 것에 바탕을 두어야 한다.


## 전용 브랜드숍의 부작용

인도에서는 여러 브랜드를 함께 취급하는 이른바 멀티 브랜드숍 (Multi Brand Shop)이 주류다. 멀티숍의 약점은 전 제품을 효율적으로 전시하지 못한다는 것이다. 우리 입장에서 볼 때는 우리 브랜드의 집중도가 떨어진다. 그리고 현실적으로는 전용 브랜드숍에 인도 소비자의 신뢰도가 훨씬 높다. 때문에 많은 회사들이 전용 브랜드숍을 운용하고 있는데 거의 100% 프랜차이즈 방식이다. 소유와 운영의 주체가 대리점인 것이다. 그래서 좋은 의도로 브랜드숍을 시작했지만 부작용이 있었다. 우리 지사의 영업 담당이 무리하게 상품 인수를 강권하면서 그 과정에 많은 호조건을 제시했고 이 브랜드숍 대리점은 자금 회전을 목적으로 자신은 이익을 남기면서 이 물건을 다른 작은 소매상에 넘겼다. 일종의 도매상 노릇을 한 것이었다. 전용 브랜드숍의 원래 목적과는 다른 부작용이 나왔다. 이처럼 모든 제도는 장점과 약점을 갖고 있다. 과정에서 잘못을 수정해 나가는 수밖에 없다. 큰 방향에서 봤을 때 옳다면 적극 추진하고, 과정의 잘못이나 실수는 계속 수정·보완해 나가야 한다.

# 21

# 책임지는 마케팅을 하라

시장에서 고객의 요구를 적시에 맞춰주기 위해서는 마케팅과 판매부서, 그리고 그 부서에 일하는 직원에게 재량권을 주고 창의적인 영업 활동을 하도록 해야 한다. 이때 중요한 점은 분명한 목표가 있어야 한다는 것이다. 그리고 그 목표는 숫자로 제시되고 관리되어야 한다. 목표 수치에는 외형적인 규모뿐 아니라 질적인 내용까지 포함되어야 건전한 영업활동이 이뤄진다. 그리고 그 바탕에는 규칙을 준수하는 기율 또는 기강이 깔려 있어야 한다. 건전한 영업을 위해 규칙을 스스로 지키는 기업 문화, 이것이 성공의 열쇠다. 결과 중심의 경영을 위해 과정에는 자유와 재량권을 준다. 하지만 엄격한 규율 준수를 통해 건전한 영업을 영위해야 지속적으로 성장할 수 있다.

우리는 매월 열린 영업회의에서 40여 개 지사의 실적을 순위대

로 발표했다. 그리고 질적인 문제가 있다고 평가되는 지사는 별도로
관리했다. 이렇게 해서 대학입시를 준비하는 고등학교 3학년생과 같
은 긴장감을 불어 넣었고 내부 경쟁을 유도했다. 이런 점이 조직을
강하게 만들었고, 결국 시장에서 1등을 차지하게 하는 원동력이 되
었다. 자유와 목표를 향한 긴장감을 적절하게 조화시킨 것이 성공 마
케팅의 열쇠였다. 세일즈맨에게 목표를 달성하지 못하는 이유를 말
하라고 하면 천 가지도 넘는 사유가 나온다. 특히 말 많다는 인도 세
일즈맨은 더 그렇지 않겠는가. 이 때문에 어려움을 겪는 한국 회사들
이 많다. 우선 철저하게 책임지는 조직을 만들고 또 그러한 마케팅을
해야 한다.


## 책임지는 마케팅(Result Oriented Marketing) 조직

### 첫째, 변명하지 않는 조직이다

무엇보다 변명하지 않도록 해야 한다. 이를 위해서는 재량권을
많이 줘서 자기가 많은 부분을 결정하는 조직으로 만들 필요가 있다.
그래야 남에게 핑계를 대지 않는다. 더 나아가 용서하는 문화를 만들
어야 책임지는 문화가 생긴다. 이율배반적인 것 같지만 '용서 문화'
가 없으면 '책임 문화'도 나오지 않는다. 잘못이 무엇인지 아는 사람
은 고칠 수 있지만 잘못을 모르는 사람은 고칠 여지도 없다. 그러나
이 또한 관용의 문화가 자리 잡지 않으면 힘들다. 그렇지 않으면 쉽

사리 자기 잘못을 인정하지 않는다. '책임지는 문화'와 '관용의 문화'는 동전의 양면과 같다. 이런 분위기, 문화가 형성되어 있다면 자기 잘못을 인정하지 않으려고 발버둥치지도 않을 것이다.

**둘째, 영업이 판매가격 결정에 재량권을 갖는 조직이다**

많은 회사가 원가를 공개하지 않는다. 그러나 전 조직원이 구체적인 원가를 알아야 원가 절감을 위해 자기가 무엇을 해야 할 것인지 알 수 있다. 이런 생각을 바탕으로 판매 파트가 손익까지 책임지는 색다른 시스템을 만들었다. 그렇게 하려면 영업부서가 원가를 알아야 하고 항목별로 구체적으로 따질 수 있어야 한다. 영업이 손익을 책임질 때 판매가격, 경비, 판촉 수단 등을 정하는 데 완전한 자유를 가지고 시장에서 즉각적으로 대응할 수 있다. 그래서 나는 인도인 직원들에게 시장에서 경쟁사와 싸우는 데 어떤 방법을 사용할 것인지 정하는 문제에 대해 100% 재량권을 줬다. 대부분 100% 재량권을 주면 큰일 난다고 생각한다. 심지어 한국에서 파견된 관리자들이 내가 이렇게 하자 "회사를 팔아먹는다고 생각했다"고 나중에 고백했다는 이야기를 들었다. 그러나 100% 자유는 100% 책임을 요구한다. 판매 목표와 손익 목표라는 두 목표에 대해 무한 책임을 지는 것이다. 결국 경쟁사가 쉽게 따라오지 못하는 '판매가 손익을 책임지는' 독특한 시스템으로 시장을 장악했다. 그뿐만 아니라 이익도 최고였다. 100% 재량권을 주면서 'meet the market' 철학을 실천한 것이 1등의 비결 가운데 하나였다.

**셋째, 영업이 연구개발과 공동으로 손익을 책임지는 조직이다**

영업 파트가 제품 개발, 원가 절감 등에 최대한의 노력을 기울이는 것이다. 손익을 맞추기 위해서다. 영업 파트는 시장이 요구하는 가격이나 제품 종류 등 새로운 제품 개발의 필요성을 가장 먼저 느낀다. 그리고 이것을 신속하게 상용화할 수 있도록 연구개발팀에 요청한다. 실제로 영업 파트와 연구개발 파트가 한 팀이 되어 공동으로 손익을 책임지는 조직이 필요하다. 이런 조직이 빨리 시장의 요구에 부응하면서 변화하는 시장 환경에 맞춰 신상품을 개발하고 원가를 절감하려는 노력을 하게 된다. 손익 목표를 달성하기 위해 사력을 다하는 것이다.

**넷째, 사업 계획 수립에 치열하게 노력하는 조직이다**

차기 년도 사업 계획은 7월부터 준비에 들어가 9월께 확정된다. 이때 생산부서와 판매부서의 이해관계가 상반되면 치열한 논쟁이 벌어지기 마련이다. 생산부서는 원가 상승을 이유로 여러 가지 가격 인상을 고집하고 판매부서는 경쟁 상황을 고려해 시장가격 하락을 계획하기 때문이다. 이익 목표가 일치할 수 없다. 서로 긴 시간 동안 격론을 벌이면서 타협한 끝에 다음해 공통의 사업계획이 탄생한다. 그리고 이를 이루기 위해 기울여야 할 각자의 노력이 정해지고 추진해야 할 공동 전략이 세워진다. 이렇게 기탄없이 격론을 펼치고 진솔하게 타협해야 사업계획은 진정한 나의 것이 된다. 그렇게 하면 이후 일 년 내내 이 목표를 달성하기 위해 노력하고, 목표에 대해 불만을 토로하는 경우는 거의 없다.

위에서 하달하는 목표, 제3자가 정해주는 목표에는 주인의식이 생길 수 없다. 책임감이나 애정 또한 있을 수 없다. 결정을 하는 데 자기가 주도적으로 참여한다는 것이 주인의식과 책임감을 이끌어내는 요체다.

### 다섯째, 확실한 수금으로 판매를 완성하는 조직이다

선진국에서는 판매원이 수금을 책임지지 않고 신용관리부서 (credit control)에서 신용 제공 여부에 대한 책임을 진다. 하지만 인도 같은 국가에서는 세일즈맨이 '신용거래를 할 것인지'부터 판매 후 대금 회수까지 책임지게 해야 한다. 늘 강조한 것은 "세일즈맨이란 물건을 파는 사람이 아니라, 돈을 제때 갚을 수 있는 사람과 그렇지 않은 사람을 구별할 줄 아는 사람"이라는 것이었다. 물건을 파는 일은 누구나 할 수 있다. 그러나 돈을 제대로 갚을 수 있는 사람을 구별해서 그 사람과 장기적으로 탈 없이 거래하고 수금을 잘하는 것은 시장구조, 시장상황, 거래선의 성향 등을 정확하게 분석할 줄 알아야 가능하다.

대금 회수도 인도의 동종업계에서 우리가 1등이었다. 가장 빠르고 우수했다. 보통 30일 외상을 주는데 평균 회수일이 17일이었으니 70%가 10일 이내에 된다는 뜻이다. 많은 경우 다른 브랜드를 팔아 현금으로 우리 제품을 샀다. 다른 브랜드들은 회수일이 60일 이상 많은데 우리가 이렇게 양호했던 이유는 우리 제품이 없어서는 장사

**en Billing)로 영업의 질을 높이는 조직이다**

을 단기간에 생산할 수 없어 한 달 내내 생
익말 며칠 사이에 집중적으로 공급하는
아꿔야 한다. 이렇게 판매가 집중되면
을 보관해야 할 창고도 문제가 된
는 한 달을 10일, 20일 등으로
요한 대목이다. 확고한 목표
남은 잘하는데 나는 왜
고 고쳐 나가게 해서
도 거래처가 다양
개가 힘들다. 그
의 대리점을 광
던 곳 등이 골고루 분포하
실 경우 큰 거래처 한 곳의 부진이
엄청나게 크다.

**일곱째, 투명하게 경영(Transparency-Open Management)되는 조직이다**

판매부서와 생산부서는 투명하게 공개된 정보를 통해 서로의 잘
못을 지적하면서 발전해 나간다. 우리 회사는 모든 원가를 공개했다.
이는 인도 직원들에게 다른 회사와 비교되는 신선한 차별화로 받아

들여졌다. 한국 회사들도 보통 생산원가를 공개하지 않는 경우가 대
부분이다. 특히 투명 경영은 인도 회사에서는 있을 수 없는 것이다.
전문 경영인이 아니라 오너가 경영하고 책임지는 경우 대부분 모든
것을 공개하지 못한다. 우리 회사는 회의에 관계되는 모든 사람이 자
유롭게 참가할 수 있는 열린 모임을 지향했다. 회의가 끝난 뒤 한 시
간이 지나면 경쟁사가 우리의 회의 내용을 다 파악한다고 할 정도였
다. 물론 이렇게 공개하는 것에 따르는 부작용도 있지만 '열린 모임'
에 더 큰 의미를 두었기 때문에 특별히 예외적인 경우를 빼고는 우리
의 철학을 고수했다. 투명 경영은 신뢰를 낳고 그 내용과 결과에 대
해 주인의식을 갖게 한다. 위임경영(Empowerment)도 투명 경영이 전
제되어야 가능하다.

ㄴ다. 기업은 돈 버는 기계가 아니다.
ㄴ과 협력회사, 거래업체 등 수 많은 사람들이
구하며 살아간다. 그 기업과 관계되는 모든 사람이 즐
행복하게 살아갈 수 있도록 하기 위해 기업이 존재하는 것이다.
세계 3대 도자기업체 가운데 하나인 영국 웨지우드(Wedgwood) 창업
자의 후손은 "명품이 되기 위해서는 품질이 우수해야 하는 것은 물
론 역사와 철학이 있어야 한다"라고 강조했다. 철학 없는 회사가 좋
은 문화, 진정한 명품을 만들 수 없다.

**일곱째, 환경 친화적인 공장(Green Factory)을 만들어라**

인도에서 공장을 준공한 1998년부터 매년 나무 수백 그루씩을
심었다. 세계에서 가장 나무가 많은 공장으로 만들려는 생각이었다.
가장 좋은 도시가 무엇인가. 가장 나무가 많은 도시다. 가장 깨끗한
공장 또한 가장 나무가 많은 공장이다. 10년 후 우리 공장을 다시 찾
았을 때 나무로 뒤덮인 공장이 되어 있을 것으로 기대하고 있다. 뿐
만 아니라 공장 앞에는 넓은 잔디밭과 연못, 분수 등을 만들어 토끼

## LG전자 인도 법인 간략 연표

| | |
|---|---|
| 1997년 2월 | 인도 법인 출범 |
| 1997년 5월 | 컬러TV, 전자레인지, 냉장고 사업 부문 론칭 |
| 1997년 8월 | 노이다 공장 착공 |
| 1998년 1월 | 에어컨 사업 부문 론칭 |
| 1998년 4월 | 컬러TV 등 생산 돌입(컬러TV 50만 대, 반자동 세탁기 10만 대, 에어컨 10만 대) |
| 2000년 | 전자레인지 시장 점유율 1위(28.9%), 2위 켄스타(17.6%), 3위 삼성(17.2%) |
| 2002년 | 컬러TV 시장 점유율 1위(14.3%), 2위 BPL(12.8%), 3위 ONIDA(12.3%) |
| 2003년 | 세탁기 시장 점유율 1위(25.1%), 2위 월풀(16.9%), 3위 삼성(14.6%) |
| 2004년 | 냉장고 시장 점유율 1위(27.3%), 2위 월풀(21.5%), 3위 GODREJ(19.5%) |
| 2004년 6월 | 푸네 공장 준공 |
| 2005년 | 인도경제뉴스채널 CNBC 주관 〈인도 소비자가 뽑은 최고 브랜드〉(백색가전 부문) 선정, 이후 6년 연속 수상 |
| 2006년 | 생활가전 전 부문 1위 |
| | 컬러TV 시장 점유율 26%(2위 17.3%) |
| | 냉장고 시장 점유율 29.4%(2위 17.3%) |
| | 세탁기 시장 점유율 30.6%(2위 16.3%) |
| | 전자레인지 시장 점유율 36.7%(2위 22.6%) |
| | 에어컨 시장 점유율 34% |

## LG전자 인도 법인 매출 추이 (단위: 백만 달러)

| 1997 | 1998 | 1999 | 2000 | 2001 | 2002 | 2003 | 2004 | 2005 |
|---|---|---|---|---|---|---|---|---|
| 31 | 105 | 226 | 393 | 421 | 583 | 852 | 1240 | 1456 |

# 제 5 부

## 유연한 관리와 끊임없는 혁신

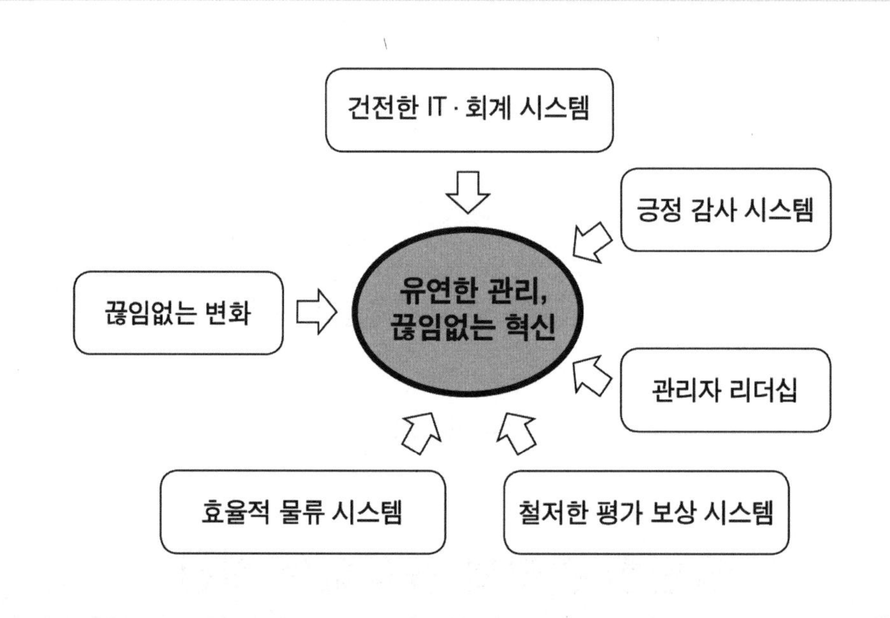
건전한 IT · 회계 시스템
긍정 감사 시스템
끊임없는 변화
유연한 관리,
끊임없는 혁신
관리자 리더십
효율적 물류 시스템
철저한 평가 보상 시스템

# 22

# IT 시스템을 구축하고,
# 회계 시스템을 확립하라

미국의 유명한 컨설팅 회사가 100대 기업 경영 현황을 조사한 바에 따르면 관리 개선을 통한 이익 개선 효과가 6%였다. 나는 이에 절대 동의한다. 관리라는 강한 기초 위에 마케팅도, 판매도, 구매도, 생산도 잘 이루어질 수 있는 것이다.

관리는 전산(IT system), 회계(Accounting system), 물류(Logistics), 인사(Human Resources), 법률(Legal Issues), 기획(Corporate Planning) 등 광범위하게 이야기할 수 있다. 이 가운데 가장 중요한 것은 전산과 회계다. 또 유념해야 하는 것은 인도에 적합한, 그리고 인도인의 특성을 가장 잘 살릴 수 있는 관리 체계를 만드는 것이다. 인도 실정에 맞는 관리 시스템을 구축하는 일에 세심한 주의가 필요하다.

# 훌륭한 관리 시스템을 만들기 위한 6가지 요소

### 첫째, 지원하는 것이다

관리는 도와주는 역할을 해야 한다. 괴롭히는 역할을 해서는 좋은 관리, 그리고 성공하는 관리가 될 수 없다. 왕왕 '관리한다'는 명목으로 엄청난 자료를 요구하는 경우가 있다. 마치 관리를 위해 회사가 존재하는 듯한 형국이 되는 것이다. 잘못된 관리다. 인도에 있는 한국 기업도 관리 시스템이 너무 엄격해서 직원들의 창의적인 생각을 방해한다면 크게 성공할 수 없다. 시스템이 직원을 지원해야지, 직원이 시스템을 위해서 존재해서는 안 된다. 이는 본말이 전도된 회사다. 좋은 옷은 약간 헐렁한, 활동하기에 편한 옷이다.

### 둘째, 단순하고 명확하되 반드시 지키도록 해야 한다

규칙이 복잡하고 너무 어려우면 지키기 힘들다. 구체적이고 명확해야 한다. 그리고 그 간단하고 명확한 규칙을 반드시 지키도록 해야 한다. 즉, 군기가 있어야 하는 것이다. 회사 생활을 마치 군대처럼 군기 있게 하라는 이야기가 아니다. 업무는 자유롭고 창의적으로 하되 규칙과 규정(Rule and Regulation)은 준수해야 한다는 것이다. 규칙도 규칙을 위한 것이어서는 안 된다. 최소한의 아주 중요한 마지막 선(Bottom Line)을 만들어 누구든 숙지하고 매일 지켜야 하는 단순한 규칙이어야 한다. 이 규칙으로 회사 모든 활동의 품질을 유지할 수 있고, 건강한 회사로서 건전한 이익을 창출할 수 있다. 관리는 기강

(Discipline)이다. 기강이 없는 회사는 관리가 안 되는 회사다.

### 셋째, 전산 시스템 확립이 우선이다

관리가 괴로움 대신 편리성을 주기 위해서는 전산 시스템이 확립되어 있어야 한다. 초기에는 전산 시스템이 잘 정비되지 않아 영업보다 보고서를 만드는 데 더 많은 시간을 소비한다고 각 지사에서 불만이 많았다. 그러나 전산 시스템이 잘 구축된 뒤에는 보고서 만드는 일로 현업을 괴롭히는 일이 없어졌다. 전산 시스템에 있는 자료를 통해 본부가 필요로 하는 보고서를 간단하게 작성할 수 있었기 때문이다. 경쟁사가 우리 회사보다 훨씬 비싸고 유명한 전사적 자원관리 시스템(enterprise resources planning: ERP)을 가지고 있었지만 우리가 결코 뒤지지 않았다. 전산 시스템의 일부를 스스로 바꾸고 조정할 수 있도록 하는 자율적 기능을 가지고 있었기 때문이다. 우리만의 독특한 시스템이었다. 우리 회사에서도 수많은 해외 법인 가운데 인도 법인만 이런 자율적 기능, 즉 소스코드(source code)를 가지고 시장의 변화에 즉시 대응할 수 있었다. 전산 시스템을 현지 요구에 맞게 고쳐나가면서 편리성 제공이라는 측면에서도 성공한 것이다. 인도 법인만 이런 자율적 기능을 요구할 수 있었고 그리고 성공할 수 있었던 것은 전적으로 우리 인도 직원들의 높은 독립심과 이를 뒷받침하는 능력, 그리고 책임감이 있었기 때문이다. 이것은 주인의식이 있는 조직과 그렇지 않은 조직과의 차이에서 비롯되는 것이다.

더불어 1997년 인도에서 사업을 시작할 때부터 모든 직원이 컴퓨터를 갖게 했고 관리자, 지사장 등에게는 전부 노트북을 제공했다. 가장 전산화된 회사라는 긍지를 갖도록 한 것이다. 그래서 한국에 있는 본사 공장보다 우리가 노트북을 훨씬 더 많이 보유하고 활용한다는 이야기를 듣곤 했다.

인도 내에서의 업무는 이렇게 전산화, 합리화를 통해 편리성을 제공한 데 비해 인도와 한국 간의 업무에서는 많은 시간과 노력이 필요한 일을 요구해서 큰 부담을 주는 경우가 많았다. 편리한 관리와는 거리가 멀었다. 혁신이 무엇인가. 모든 일을 단순화시키는 것이다. 자료만 많이 요구하는 관리는 퇴출되어야 한다. 그래야 생산성이 오른다. 모든 부문에서 이뤄지는 합리화, 단순화가 바로 생산성을 높이고 시장에서의 경쟁력을 높이는 길이다.

### 넷째, 건전한 회계 시스템으로 기초를 닦아라

튼튼한 회계 시스템 없이 기업을 성공적으로 운영하는 것은 불가능하다. 많은 사람은 판매가 중요하다고 한다. 그러나 건강한 판매를 누가 보장할 것인가. 대금 회수가 안 되는 판매를 누가 어떻게 시스템적으로 규제할 것인가. 이런 일도 있었다. 물건이 공급되지 않으면서 송장이 발행되고 판매로 처리되는 것이다. 이렇게 되면 가공 판매가 늘어난다. 이를 우리 회사에서는 BBND(Bill But Not Delivered)라고 해서 금기(Taboo)시했다. 이때 문제가 되는 것은 월말 매출이다. 월말 목표를 달성하기 위해 월말에 송장을 발행해서 장부상 매출을 일으키고 물품 배송은 다음 달 내내 이루어지는 것이다. 일종의 편법

매출로, 인도 회사에서 많이 발견되는 게 현실이다. 이것을 용납하면 빈곤의 악순환이 이어진다. 다음 달 매출은 또 월말에 몰릴 수밖에 없고 특히 채권 회수가 늦어지고 나빠지기 마련이다. 건전한 판매, 건강한 회계를 위한 많은 원칙을 정해 실행하면서 영업의 질을 최우선으로 하는 문화를 만들어 나가야 한다. 내실이 있어야 회사가 오래 가는 법이다. 튼튼한 회사는 건전한 회계원칙을 잘 지킨다. 규칙을 잘 지키는 회사는 기강이 바로 선 회사다.

## 지급 기일 못 지키는 거래처 다루는 법

지급 기일을 못 지키는 거래처가 있다. 이런 거래처에는 제품 공급을 중단해야 한다. 그런데 제품을 줘야 팔아서 갚을 수 있다는 이유로 계속 제품 공급을 요구하는 거래처가 많은데 영업사원 입장에서는 이를 승낙하기 쉽다. 추가 매출도 생기고 대금도 천천히 회수할 수 있다고 생각하기 때문이다. 하지만 이것은 독약과 같다. 추가 매출은 추가 채권이 늘어나는 것으로 이어지고 채권이 늘어날수록 거래처는 점점 강해진다. 아쉬운 쪽은 돈을 받아야 하는 공급자가 된다. 그래서 지급 기일을 못 지키는 경우(over due) 즉시 공급을 중단해서 그 돈을 못 받는 한이 있더라도 더 이상 물리는 일이 없어야 한다는 원칙을 세웠다. 지급 기일을 못 지키면 물품 공급 중단뿐 아니라 나중에 대금이 회수되더라도 벌칙을 부과한다. 거래처는 그동안 받아왔던 외상거래(credit)를 할 수 없고, 현금거래를 해야 한다. 우리 판매원에게도 회수된 날부터 그 거래처와 한 달간 거래를 중지하도록 하는 불이익을 줘서 무리한 판매가 그에게도 절대 도움이 되지 않는다는 것을 인식시켰다.

**다섯째, 강한 실행력이 뒷받침되어야 한다**

아무리 좋은 원칙을 가지고 있다 해도 지키지 않으면 소용없다. 어떻게 지키게 할 것인가. 지키지 않으면 안 되는 시스템을 만들어야 한다. 전산시스템을 그렇게 만들고 회사 문화를 그렇게 만들어야 한다. 숫자 중심의 경영을 너무 무리하게 강조하면 수단과 방법을 가리지 않고 편법을 사용하는 부작용이 생긴다. 최선을 다한 사람을 포용하는 문화가 있어야 원칙을 지킨다. 최선을 다 하면 또 다른 기회가 주어진다는 풍토가 만들어져야 원칙을 지켜도 손해를 보지 않는다는 생각을 하게 된다. 강한 실행력과 관용은 이율배반적인 개념 같지만 관용 없는 조직에는 강한 실천력도, 도전정신도 없다.

**여섯째, 정기 회의로 점검하고 지원한다**

모든 문제를 분석해보면 우리 잘못이 50%, 거래업체 잘못이 50%인 경우가 대부분이다. 스스로의 역량을 향상시키고 잘못된 관행을 개선시켜야 할 필요성을 발견하게 된다. 이런 최고 책임자의 철학을 회의를 통해 끊임없이 전파하는 것이 회사 문화를 만들어가는 첩경이다.

회의는 짧아야 하고 적당한 인원이 참석해야 한다. 또 항상 같은 요일, 같은 시간, 같은 장소에서 열리는 정기 회의로 누가 발표하고 누가 참석한다는 것을 정해 직원들이 쓸데없이 시간을 낭비하지 않도록 해야 한다. 인도에서는 일 년 내내 회의 일정이 정해져 운영되었다. 구성원에게 불필요한 간섭이나 시간낭비를 줄이겠다는 강한

의지가 필요하다. 망하는 회사는 회의가 많다고 하지 않는가. 많은
회사가 회의에 3분의 1의 시간과 정력을 소비한다. 준비한다고 많은
시간을 소비하고, 발표한다고 소비한다. 또 남이 발표하는 데 참석해
서 끝나길 기다리면서 기진맥진하게 된다.

인도에서는 자기 발표시간에 들어와 발표하고 나가도록 했다. 얼
마나 많은 시간을 절약했는지 모른다. 자기가 참고하기 위해 남의 발
표 시간에 남아 있는 것은 별개 문제다. 그 판단은 개인이 하는 것이
다. 그리고 꼭 책임자나, 윗사람이 발표하도록 하는 회사도 있다. 바
람직하지 않다고 본다. 발표를 누가할 것인지도 자기들 스스로 결정
하도록 하고 밑의 실무자에게도 발표할 수 있도록 기회를 주는 것을
권장하는 문화가 좋다. 발표 준비 그리고 발표 중 질의응답을 통해
자기 생각을 정리하고 그 프로젝트에 주인의식을 갖도록 하는 것이
중요하다.


## 현금 흐름을 원활하게 하라


현금 흐름이 원활하지 않으면 빈곤의 악순환에 빠진다. 자금 사
정이 여의치 않아 투자가 지연될 경우 매출 및 이익 30% 감소, 품질
악화로 인한 서비스 불량률 증가, 소비자 신뢰 저하 등으로 이어져
영업이 악화된다. 영업 악화는 다시 현금 흐름 악화로 이어지고 투자
는 또 지연된다. 인도의 많은 회사들이 이런 빈곤의 악순환에서 헤어

나지 못하고 있는 것을 볼 수 있다. 어떻게 하면 이런 악순환에서 벗어날 수 있는가.

**첫째, 30일 이상 된 채권(A/R-account receivable)과 재고를 제로화하라**

내일이면 늦다. 거래처가 대금을 지급하지 않는 이유는 제품을 팔지 못해 갚지 못하는 경우가 50%, 분쟁이 일어나 안 갚는 경우가 40% 정도다. 악의로 그러는 것은 10%가 안 된다. 우리 입장에서 볼 때 거래처가 팔지 못하고 있으면 그 재고가 우리 재고라는 생각으로 과감하게 지원해 팔 수 있게 하고 손해가 나는 것은 적당한 방법으로 보상해주도록 하는 게 현명하다. 그렇지 않으면 시간이 갈수록 재고 가격이 떨어지고 수금은 되지 않아 현금 흐름이 더 악화되고, 2중 3중의 손해가 발생한다는 점을 명심해야 한다. 분쟁이 있는 경우에는 가능하면 즉시 타협해서 지원 방안을 마련해 대리점의 재고를 처분토록 하고 현금화한 것으로 돈을 갚도록 해야 한다. 우리가 보유하고 있는 재고도 30일 이상 된 것은 특별 판매 지원책을 수립해 무조건 현금화해서 재투자할 수 있는 재원으로 활용해야 한다. 이럴 때 '왜 싸게 파느냐', '더 나은 가격을 받을 수 있는데……' 운운하지만 '내일이면 늦으리'가 내 슬로건이었다. 내일 시장가격은 더 떨어질 수 있다. 경쟁적인 시장 상황은 아무도 모른다. 빨리 현금화하고 재투자해서 더 좋은 물건을 더 싼 가격으로 하루라도 빨리 만드는 것이 이기는 경영이다. 속도에서 경쟁사가 쫓아오지 못하는 빠른 결정과 행동(quick decision, quick action)이 이기는 경영의 핵심이다.

## 둘째, JIT 시스템을 구축하라

특히 인도에서는 자재 공급업자가 멀리 있으면 자재를 받는 데 며칠씩 걸리는 수가 있다. 그래서 공장 인근에 간이창고를 만들어 공급업자들이 자재를 보관했다가 즉시 공급하고, 부품 품질 문제로 반품되는 경우에도 현지에서 즉시 대응할 수 있는 JIT(Just In Time) 시스템(재고를 쌓아 두지 않고서도 필요한때 적기에 제품을 공급하는 생산 방식)의 구축이 중요하다. 인도 공급업체들은 이런 개념이 부족한 경우가 많다. 시간을 두고 적극 권장해야 하고 가격 협상 시 중요한 카드로 이용해야 한다.

## 셋째, OEM(Original Equipment Manufacturing: 주문자상표 부착생산), EMS(Electronics Manufacturing Service: 전자 제품 생산 대행 서비스)를 적극 활용하라

시장이 있는 곳에서 생산해서 그 시장에 팔면 이점이 크다. 매출세 혜택도 누릴 수 있고 물류 면에서도 유리하다. 그 많은 부품이 본 공장에 왔다가 다시 멀리 떨어진 각 주의 공장으로 가는 것보다 바로 각 주의 공장으로 가 거기서 조립해 시장에 공급하는 시스템을 확보해야 한다. 이렇게 하면 현금 흐름에 최소한 10%는 좋은 영향을 줄 수 있다. 남을 잘 이용하는 회사가 최고의 경쟁력을 갖는다.

## 넷째, 수입 부품과 현지 부품의 조화로 현금 흐름을 극대화해야 한다

수입 부품을 사용하면 현금 흐름 면에서 10% 이상 손해를 본다.

미리 신용장을 개설해야 하고, 3개월 정도는 취소나 축소를 할 수 없으며, 도착 후 품질에 문제가 있어도 취소할 수 없다. 시장 상황이 바뀌어도 있는 재고를 반품하기도 어렵다. 그러나 현지 부품을 구매하면 이런 면에서 엄청난 융통성이 있다. 수입 부품이 현지 부품보다 20% 이상 싸지 않으면 현지 구매를 해야 한다. 적당한 현지 공급업체가 없다고 대답하기도 한다. 쉽게 수긍할 수 없다. 개발해야 하는 것이다. 인도 업체들은 돈도 있고 기본 자질이 되어 있다. 기회를 주고 지도해서 현지 공급업체를 개발하는 자가 인도에서 성공한다. 현지 부품이 60% 이상이 되어야 한다. 그러면 현금 흐름에 20% 이상 도움이 된다.

# 긍정 감사(Positive Audit)로 시스템을 개선하라

감사팀은 기업의 체계적인 운영과 관리를 위해 필요한 조직이다. 처음 인도에 진출했을 때는 두지 않았으나 몇 년 후 감사팀을 만들었다. 회사 규모가 커지면서 그 필요성이 제기되었기 때문이다. 감사팀은 업무감사를 주로 하면서 제보나 거래업체의 불만 투서 등을 조사해서 조정하는 역할도 많이 했다. 하지만 형식적인 감사, 비판적이고 부정적이기만 한 감사가 되지 않도록 했다. 긍정적 감사가 회사 발전에 이바지한다는 소신에 따른 것이었다.

## 긍정 감사의 6가지 요소

**첫째, 피감사자의 이야기를 긍정적으로 들어야 한다**

감사팀에게 항상 공정하면서 피감사자의 이야기를 긍정적으로 듣는 긍정적 감사, 그리고 조정하는 감사, 지도하는 감사가 되도록 했다. 한국의 감사팀을 보면 부정적 감사를 많이 한다. 피감사자를 죄인시하는 아주 나쁜 태도를 갖고 있기 일쑤다. 이런 태도의 감사가 회사를 망하게 한다. 정말 나쁜 일을 한 사람은 극소수인데 조사과정에서 회사를 등지게 하는 것이다. 이런 감사팀은 필요 없다. 감사팀이 처음부터 피감사자의 잘못을 단정하는 형사 같은 태도는 절대 용납하지 않았다. 대부분 실수나 오해가 많고 이해관계의 대립에서 비롯되는 험담도 많았기 때문이다. 우리 영업활동과 경영 활동이 금전적 이해관계에서 상충되는 경우가 많았는지 거래업체는 그들의 이익에 반하면 모든 방법을 동원해 담당직원을 험담하고 한국 본사에까지 편지를 쓰는 경우가 있었다. 그러나 우리 직원이 금전적으로 비난 받을 나쁜 짓을 한 것이 밝혀지는 케이스는 대단히 적었다.

**둘째, 함께 고민하는 감사팀이 되어야 한다**

어떻게 해서라도 흠을 찾아내려는 야비한 감사는 회사를 죽인다. 회사의 주인인 직원을 긍정적으로 대하면서 존중하고, 웬만한 흠은 이해해주고 어떻게 하면 개선할 수 있을까 같이 고민하는 감사팀이 되어야 한다. 인도 감사팀은 직원들의 원성을 사지 않으면서 공정하게 많은 조정과 개선을 했다고 평가한다.

### 셋째, 실수를 용서할 수 있어야 한다

누구나 실수는 할 수 있다. 잘못을 반성하고 개선하면서 전진하고 발전한다는 근본 철학 ─ 바로 열린 마음이다 ─ 이 기업운영에서, 아니 모든 조직 운영에서 가장 중요하다. 감사도 마찬가지다. 감사결과 고의로 큰 금전적 손실을 입힌 경우가 아니고 자신의 잘못을 인정하면 기회를 다시 줬다. 그렇게 관용의 문화를 만들어 나갔다. 이런 관용의 감사 문화가 회사 전체의 진취적이고 긍정적인 문화 만들기에 크게 기여했다.

### 넷째, 법률지원팀의 예방 활동이 중요하다

이들의 활발하고 유연한 활동이 감사까지 해야 하는 불미스러운 사태를 미연에 막을 수 있기 때문이다. 법률지원팀은 감사팀보다 훨씬 먼저 만들었다. 변호사 자격 소유자 3명으로 이뤄진 이들은 각각 채권 회수, 법률서류 준비, 소송을 담당하게 했다. 한국보다 소송이 훨씬 많아 이에 대비하기 위한 것이었다. 인도는 영미권 국가처럼 법과대학을 졸업하면 대부분 변호사가 되기 때문에 변호사가 많고, 인도인들은 권리의식이 강하기 때문에 자기주장을 소송을 통해 법률적으로 해결하려는 경향도 강하다. 웬만하면 소송을 하기 때문에 처음부터 법률적인 검토를 잘해야 한다. 이를 위해서는 전문가그룹(Law Firm)을 잘 활용해야 하고 중요한 계약서는 전부 변호사가 검토하도록 할 필요가 있다. 그리고 우수한 회계자문회사(Accounting Firm)를 통해 세법 등에 저촉되는 일이 없는지 등을 확인해 차질이 없도록 해야 나중에 고생하지 않는다.

보통 한국 사람들이 인도 사람에게 당했다고 하는데 내가 보기에는 인도인이 한국인보다 법률, 회계 지식이 더 많고 어수룩하지 않다는 뜻이다. 인도인이 생각이 더 많다는 의미이기도 하다. 어떤 의미에서 인도는 한국보다 훨씬 복잡한 사회다. 한국은 단일 민족, 단일 언어 등 굉장히 동질적인(Homogeneous) 사회인 데 비해 인도는 민족, 언어, 음식, 종교, 정치 등이 이질적이고 다양한 사회다. 도시도 복잡하다. 때문에 인도인에게 시골사람처럼 당하는 꼴이 될 수 있다. 우리가 어수룩한 시골사람이 되어서야 되겠는가.

## 소송 외의 수단으로 해결하려면

어느 나라나 마찬가지지만 소송으로 해결하려면 시간이 많이 걸린다. 소송 이외의 수단으로 해결할 수 있는 방안을 항상 강구해야 한다. 채권 회수도 거래 개시 전에 담보용 수표를 받아 놓는 것이 아주 좋은 방법이나 거래당사자 간의 역학관계에 따라 어려울 수도 있다. 수표 부도는 인도도 한국처럼 형사 사건이 되기 때문에 강력한 수단이 된다. 특히 채권 회수의 경우 만약 수표를 받아 놓지도 못하면 소송으로 가기 전에 타협하는 것이 최선의 방법이 되겠다. 또 다른 한편으로는 작은 거래선과 채권 회수 문제가 있을 때 변호사 이름으로 공격적인 편지를 써서 회수를 촉진시키는 경우도 있다. 큰 회사의 변호사를 두려워하는 것은 인도도 마찬가지다. 이에 대응하기 위해서는 엄청난 변호사 비용이 들 뿐 아니라 이름 있는 회사에게 소송을 당했다는 것이 그들 사회에서 불명예스러운 일이기 때문이다. 그래서 소송하겠다는 최후통첩이 효과적인 상황도 많았다.

## 다섯째, '믿고 맡기는 경영철학'을 포기하지 않아야 한다

인도 경영의 근간을 이루었던 것은 믿고 맡긴다는 철학이었다. 실망하는 경우가 여러 차례 있었다. 하지만 끝까지 포기하지 않고 시스템으로 보완하도록 노력했다. 큰 금액은 아니지만 금전적인 문제가 종종 발생했다. 아량으로 수용할 수 있는 정도라고 생각되는 경우가 90% 정도였다. 실수를 인정하면 과감하게 용서하는 식으로 다시 기회를 줬다. 이런 문제도 지나치게 엄격한 기준으로 평가하면 믿고 맡기는 경영은 불가능하다. 무엇이든 긍정적으로 보려고 하는 낙천적 기질의 사람이 되려고 노력했다. 세상 모든 일은 똑같은 것도 긍정적으로나 부정적으로 볼 수 있다. 긍정적·진취적으로 보고 부족한 점은 보완해나가는 것이 이기는 길이고 같이 사는 길이다. 절대적으로 순수하고 올바른 것은 없다. 능력이나 실적에 실망하는 경우도 있다. 갑이라는 직책을 잘 수행해서 을이라는 새로운, 조금 어려운 일을 시켰더니 아주 실망스러운 경우가 그렇다. 참으로 안타까웠다. 그러나 사람의 한계를 인정해야 한다. 아니면 좀 더 시간이 필요했는지도 모른다. 이럴 때는 다른 곳으로 옮겨 다시 기회를 주려 했다.

## 여섯째, 제도로 보완해야 한다

많은 예산을 집행하는데다 위임경영으로 자율권이 많다 보니 불미스러운 소문이 끊이지 않았다. 그러나 뚜렷한 증거도 없이 무성한 소문만 믿고 징계할 수는 없는 노릇이다. 믿고 맡기는 경영이 옳다는 신념에 크게 상처를 줄 수 있는 일이다. 사람을 의심해서는 안 되고 실수를 하지 않도록 제도를 보완해야 한다는 게 기본 생각이었다. 판촉수단의 결정은 마케팅부서, 최종 가격 결정권 및 지불은 판매관리부서에서 하도록 이원화하여 투명성을 높이도록 했다.

그동안 2~3명이 불미스런 이유로 회사를 떠나는 불행한 일이 있었다. 이런 일이 있었음에도 불구하고 대부분의 직원은 정직하게 열심히 회사를 위해 최선을 다 했다고 생각한다. 몇몇 소수 때문에 전체를 믿지 못하는 어리석음을 피해야 한다. 어떤 한국 회사에서는 인도인을 믿지 못해 인도인과 한국인을 짝으로 배치하여 서로 견제하도록 한다는데 잘못된 시도다. 사람은 믿고 제도로 실수하지 않도록 보완해야 한다. 사람 자체를 믿지 못한다면 어떻게 함께 일할 수 있겠는가.

# 24

# 본사 파견 관리자는
# 건전한 리더십을 발휘하라

모든 관리자는 그 조직의 리더다. 리더십을 가져야 한다. 작은 조직이냐, 큰 조직이냐의 차이는 있지만 리더십이 없는 관리자는 조직원을 효율적으로 움직일 수 없다. 생산성 높은 조직으로 만들지 못하는 것은 물론이다. 특히 인도에서는 한국 본사에서 파견되는 관리 책임자의 리더십이 각별하게 중요하다. 이들이 어떻게 하면 현지 구성원 한명 한명이 주인의식과 책임감을 가지고 목표를 달성할 수 있도록 이끄는 리더십을 발휘할 수 있는가.

**첫째, 현지 직원을 회사의 주인으로 만들어라**

특히 외국에서 사업하면서 현지 구성원의 인격과 문화, 종교를 무시하는 것은 자살 행위다. 한국인들이 후진국 사람들을 무시하는 것을 많이 볼 수 있는데 우리가 그들을 무시하면서 그 조직원에게 나를 존경하고 회사를 위해 충성하라고 하는 것은 있을 수 없는 일이다. 인도에서 사업을 시작할 때부터 한국 파견직원들이 인도를 무시하는 마음을 갖지 않도록 노력했다. 가장 좋은 방법은 인도 직원 중심으로 회사를 운영하는 것이었다. 주인공은 인도 직원, 한국 파견직원은 조언자라는 생각으로 운영했다. 이런 생각을 강요한 것이 아니라 회사 시스템이 자연스럽게 그렇게 돌아가도록 하는 일이 중요했다. 현지 직원을 회사의 주인으로 만드는 것, 그리고 그렇게 제도적으로 운영하는 것이 현지인의 인격과 문화를 존중하는 것이다.

## 한국 사람끼리의 회의는 NO

모든 회의에서 발표와 결정은 반드시 인도인이 하도록 했다. 한국 사람끼리 하는 회의는 원칙적으로 없앴다. 이런 관행이 지속되면 회사는 점차 현지인 중심으로 운영된다. 이렇게 하면 '한국인이 설 자리가 어디 있는가'라고 한국 파견직원들이 걱정했으나 차츰 서로의 역할이 분담되면서 균형을 잡아갔다. 초기에는 내가 회사를 팔아먹는 것으로 생각했다는 말까지 들었지만 이런 기우는 1년이 못 가 사라졌다. 한국 파견직원의 일은 더 큰 일을 찾아내면서 새로운 일을 창조하고 해결하는 것이라는 사실을 인식하게 된 것이다. 한국 파견직원은 현장의 일상사에서 벗어나 다른 공장에서 배울 것은 없는지, 다른 나라에서 받아들일 것은 없는지 등을 연구하고 기획하는 중·장기적인 일을

## 둘째, 심판이 되려고 하지 마라

관리자, 즉 리더는 방향을 제시하고 같이 토론하는 조언자 또는 코치다. 매사의 옳고 그름을 외롭게 판단하려는 심판이 되어서는 안 된다. 자기가 결정하지 않으면 큰일 난다는 사고방식은 위험하기 짝이 없다.

인도에서 현지 직원들은 자기들끼리 토론하고 또 타 부서와 논의했다. 그리고 한국 파견직원의 의견도 들어 회의에서 발표했다. 내가 다른 생각이 있으면 추가 검토를 요청하고 다시 그들이 검토해서 가져온 결과를 놓고 토론 후 같이 결정하는 식이었다. 인도 직원들이 스스로 결정하도록 도와준 것이다. 중국 노자의 가르침 중에 '자라게 하되 다스리지 않는다'라는 뜻의 장이부재(長而不宰)라는 말이 있다. 영어로 'Development Without Domination'이라고 한다. 참을성을 갖고 기다리고, 어려울 때 도와주는 것이 리더라는 것이다. 이런 면에서 인도 직원들의 능력은 우수했다. 그러면 중국 직원은 어떻게 생각하는가. 그동안 '인도에서의 성공 사례가 중국에는 적용되지 않는가'라는 물음이 끊임없이 있었다. 이에 대해 중국 조직에서는 중국인은 인도인과 다르다고 항상 이야기했다. 그러나 동의하지 않았다. 중국인이 인도인보다 부족하다고 절대 생각하지 않았기 때문이다. 똑같은 논리로 어떤 외국인이 한국인과 일본인의 자질을 비교하면서 '한국인은 절대 안 된다'라고 하면 동의할 수 있겠는가. 일반론을 고집하는 것은 어리석다. 오히려 인구가 훨씬 많은 중국에 더 좋은 인재가 많다고 생각한다.

### 셋째, 한발 뒤로 물러서라

뒤에서 보면 남이 하는 일이 더 잘 보이는 법이다. 내 골프 스윙의 단점을 스스로는 잘 보지 못하지만 남이 하는 골프 스윙의 단점은 아주 쉽게 그리고 잘 보인다. 관리자, 즉 리더는 스스로 깊이 들어가는 것보다 한 발 뒤로 물러서서 관망하고 기다릴 줄 알아야 한다. 급하게 추진하다 보면 한 발 뒤로 물러서기가 어렵다. 기다리지 못하고 자기가 직접 해버린다든가, 사소한 부분까지 구체적으로 지시하면 상대방에게 고민할 시간을, 그리고 생각할 자유를 뺏는다. 인도 진출 초기에 이런 일에서 비롯된 현지 직원과 한국 파견직원 간의 갈등이 많았으나 관리자가 점차 한 발 물러서는 문화가 정착되어 나갔다. 그렇게 한 발 물러서서 좀 더 큰 방향, 또 다른 각도에서 시간을 두고 관망하는 것이 구성원들의 창의성을 살리면서 주인의식을 갖고 책임 있는 결정을 할 수 있도록 해주는 것이라는 사실을 인식했기 때문이다. 스스로도 인도에서 현지화를 추진하면서 한국 파견직원에게 강조한 것은 이것밖에 없다. '이것을 하면 되고, 이것은 안 되고'라는 식으로 구체적인 지시를 통해 한국 파견직원을 간섭하지 않았다. 한국 파견직원 스스로 뒤로 물러선다는 것이 무엇을 의미하는지, 각자 판단해서 합리적으로 업무를 분담하도록 했다. 그리고 회사는 성공적으로 현지화되었다.

### 넷째, 근면 성실은 기본이다

아무리 머리가 좋고 판단력이 뛰어나도 인간적으로 근면하고 성실하지 못하면 조직원에게 존경받지 못한다. 신뢰 받을 수도 없고 장기적으로 좋은 인간관계를 유지할 수도 없다. 관리자나 리더가 말로써 설득하는 데는 한계가 있다. 행동으로 모범을 보여 신뢰관계를 만들어야 하는 것이다. 나는 인도에서 6시에 집을 나와 7시에 공장에 도착, 30분간 테니스 등 운동을 하고 8시부터 책상에 앉아 인터넷을 검색하면서 주요 뉴스와 정보를 체크한 뒤 9시부터 회사 미팅 등 업무를 시작하는 습관을 지켜왔다. 공장에 가장 먼저 출근했다. 아무도 없는 사무실에서 조용히 하루를 시작하는 기분은 정말 상쾌했다. 생각도 성실해야 한다. 기업이 일확천금을 노려서는 안 된다. 작은 것들이 모여 큰돈이 된다는 생각으로 꾸준히 노력하는 성실한 기업이 시장에서 성공하는 것이다. 공장의 혁신도 티끌 모아 태산이라는 말과 같이 이뤄진다. 하나하나는 아주 적지만 많은 사람이 참여하면서 쌓이고 쌓여 전체 수량이 몇 백만 개가 되면서 위력도 막대해진다.

### 다섯째, 여유를 가져라

많은 관리자들이 신문도 제대로 보지 못할 만큼 회사 생활을 여유 없이 하는 것을 볼 수 있다. 시간 관리에 문제가 있는 것이다. 나는 신문을 보면서 좋은 아이디어를 많이 얻었다. 창의적 아이디어는 여유 속에서 탄생한다. 하루에 한두 시간 여유를 가질 수 있는 빈 공간이 필요하다. 지혜는 고요히 생각하는 데서 나온다. 나만의 조용한 공간도 중요하다. 인도 공장에 있을 때 모든 회의 일정은 오전에 끝내고 오후에는 가능하면 공식적인 회의 일정을 잡지 않도록 노력했다. 오후에는 신문과 잡지 등을 보고 공장도 순회했다. 그리고 이런 여유 시간에 직원들이 내 방을 잘 찾았다. 자유롭게 상의할 수 있었기 때문이다. 비어 있는 시간, 열려 있는 방이 필요한 것이다. 최근 미국의 구글은 직원들에게 근무 시간 중 20%를 회사 업무가 아닌 자유 시간으로 할애하도록 했다. 직원들은 이 시간을 활용해 창의적인 아이디어를 만들어내고 있다. 여유 시간은 낭비하는 시간이 아니다. 보이지 않게 회사를 더욱 생명력 있게 만드는 시간이다. 하루를 쫓기면서 바쁘게 지내는 관리자는 효율적인 시간 관리를 위해 더 많은 일을 아래로 위임해 자기가 관여하는 일의 범위를 줄여야 할 필요가 있다. 한국 파견직원들은 처음에는 이런 여유를 갖는 것이 일을 하지 않고 노는 것으로 여기고 불안하게 생각했으나 점차 우리 조직 문화에 적응해 나갔다.

### 여섯째, 덕이 있어야 한다

기업은 사람이 하는 것이다. 실수도 있을 수 있고 실패도 있을 수 있다. 항상 100% 완벽을 주장하면 제대로 숨을 쉴 수 없다. 인도의 우리 회사가 그렇게 결과 중심의 경영, 숫자 중심의 경영을 하면서도 숨 막히는 회사가 아니라 직원들이 보람을 느끼고 시장에서 성공하는 회사가 된 이유는 바로 아량과 관용을 중요한 가치로 삼았기 때문이다. 직원이 큰 잘못을 하거나 실수해서 권고사직을 시키는 경우에도 시간을 두고 심사숙고했다. 왜 빨리 결정하지 않느냐고 불평하는 관리자가 있을 정도로 신중을 기하고 기했다. 증거가 불충분한 경우에는 다른 사람의 말만 듣고 쉽게 판단하지 않으려 했다. 작은 실수는 스스로 잘못을 뉘우치면 용서하고 다시 출발할 수 있는 기회를 줬다. 그 덕분인지 회사를 떠난 직원들도 잊지 않고 연락을 하거나 지금도 안부를 묻는 이메일을 보내오곤 한다. 우리는 한없이 부족한 존재라는 사실을 인정해야 아량이 생긴다.

**일곱째, 세계적이고 장기적인 안목을 가져야 한다**

리더는 조직을 이끌어가는 존재다. 장기적이고 글로벌한 안목을 가지고 있어야 조직원이 믿고 따른다. 그래서 리더는 신문, 잡지, 인터넷 뉴스 등 각종 매체를 통해 세계의 큰 흐름을 파악하고 있어야 한다. 한국의 일간지와 경제지는 물론 영자 신문이나 잡지를 구독해야 할 필요가 있다. 나는 월 스트리트 저널을 애독했고, 인도의 영자지와 경제지도 매일 읽었다. 현지 신문을 보지 않는 한국 직원들이 많은데 이것은 정말 잘못된 일이다. 어떤 외국인이 한국에서 기업 활동을 하면서 한국 신문을 보지 않는다면 한국 사정을 모를 수밖에 없다. 한국에서 정상적인 기업 활동을 할 수 없는 것이다. 외국에서 자신의 리더십을 발휘하려면 자기가 일하는 나라의 신문을 열심히 읽어야 한다. 신문을 잘 읽는 것이 주재국뿐만 아니라 세계 전체의 흐름을 파악하는 가장 좋은 방법이다. 이런 세계적인 흐름 속에서 우리는 어디에 위치하고 있는지, 무엇을 준비해야 하는지 등을 항상 연구하고 검토하고 있어야 한다. 그래야 부족한 점을 배우고 잘못된 것을 고치며 미래를 대비할 수 있다.

# 25

# 평가 시스템으로 뛰게 하라

**좋은 회사** 그리고 시장에서 가장 경쟁력 있는 회사가 되기를 원하면 가장 좋은 그리고 가장 경쟁력 있는 평가와 보상 시스템을 갖추어야 한다. 결국 회사의 경쟁력은 어떤 평가 시스템을 갖고 있느냐와 연결된다. 직원이 어떤 목표를 갖고 뛸 것인가는 평가 시스템이 어디에 더 많은 가중치를 두는가에 달려 있다. 모든 직원은 수치화한 목표를 가지고 있어야 한다. 매달 평가 회의(Review Meeting)를 통해 성과가 좋은 직원은 상을 줬고, 그렇지 못한 직원은 원인 분석과 함께 향후 만회 전략을 발표하도록 했다. 하지만 이런 것들은 특히 부진하거나, 특별 지원이 필요하다고 판단 되면 과감하게 지원해주는 긍정적 조직을 전제로 한 것이다.

## 특별상여금도 차등 지급

인도의 급여 체계를 보면 고정급여, 일반상여, 특별상여 체제로 되어 있는데 일반상여금은 거의 반드시 주어야 하기 때문에 고정급여와 일반상여를 봉급이라고 할 수 있다. 특별상여금이 성과급에 해당된다. 이 성과급은 안 주는 회사가 많이 있고 주더라도 적게 주는 것이 통례다. 인도 직원들은 차별 받는 것을 싫어한다. 똑같이 취급 받길 바라는 것이 인도 근로자의 전통적인 사고방식이다. 우리 회사는 최고 1,600%부터 최하 0%까지 8단계로 나누어 특별상여금을 차등 지급했다. 상위 5%는 1,600%, 중간 20%는 1,000% 등의 방식으로 나누는 것이다. 이렇게 하면 하위 5%는 보너스가 0%, 즉 아무것도 없었다. 이 제도로 성과 위주의 회사(Performance Oriented Company)가 될 수 있었고, 숫자 위주의 경영(Number Oriented Management)을 할 수 있었다. 시장에서 가장 경쟁력 있는 회사가 된 것이다. 애독했던 경영 전문서에 "어느 회사를 알려면 그 회사의 평가 시스템과 보상제도를 보라"는 구절이 있었다. 조직원은 평가 시스템에 따라 사고하고 행동한다.

## 개인 평가와 팀워크의 조화

우리 인도 회사의 특징은 건전한 개인주의를 표방한다는 점이었다. '조직', '전체'를 명분으로 개인의 의견과 창의성이 희생되어서는 안 된다는 인식이 기본이었다.

건전한 개인주의가 정착되기 위해서는, 그리고 진정한 나의 발전을 이루기 위해서는 동료 및 다른 부서와의 협조가 절대적으로 필요하며 당연히 팀워크가 이뤄질 것으로 생각했다. 혼자 힘으로는 되지 않는다고 봤다. 조직에 협조하지 않으면 개인의 목표 또한 달성하지 못할 것이라고 생각한 것이다. 이런 인식을 바탕으로 개인 평가를 중요시했다. 개인의 목표를 정하고 그리고 한 부서의 목표를 정해 나중에 그 실적과 목표 달성 여부를 평가하는 것이다. 그런데 개인 목표 중심의 평가 방식을 운영하다보니 '서로 협조하지 않는 분위기'가 조성되는 부작용이 생긴다는 의견이 나왔다. '개인 목표 달성＝전체 목표 달성'이라는 등식을 전제로 했으나 조직원들이 전체 이익보다 개인의 목표 달성에 더 치중한다고 했다. 조직 책임자들이 보는 눈은 달랐다. 그래서 나중에는 조직 전체의 성적을 감안하는 평가를 절충해서 개인 평가를 했다. 즉, 부서 전체의 평가가 B등급이라면 부서원의 평가도 그 범위 내에서 영향을 받도록 하는 제도로 바꾸었다.

세상에 100% 완전한 평가는 없다. 부작용을 최소화하고 약점을 보완해 나가면서 발전하는 것이다. 관용이 없는 원칙은 죽은 원칙이다. 조직원을 살리는 원칙이 되어야 한다. 지사의 실적이 좋지 않은 것이 지사장만의 책임이 아닌 것이다. 50%는 공장과 시장의 책임도 있다. 여유를 가지고 대책을 강구하는 기업이 결국 성공한다. 단기적으로 무리하게 수치화한 목표 달성만을 지상 과제로 내세워서는 부작용이 많다. 조직 구성원의 평가와 그 조직 전체에 대한 평가는 조화가 필요하다.



### 숫자 경영(Performance Oriented Management)의 부작용과 극복

수치로 평가하는 결과 중심의 경영을 하다 보니 부작용도 많았다. 콜카타(Kolkata) 지사에서 이런 일이 일어났다. 지사에서는 매출이 발생했고 물건도 공급되었는데 대금회수가 안 되는 것이었다. 알아보니 물건이 제3의 창고에 가 있었다. 대리점이 창고에 여유가 없어 어디에 갖다 놓으라고 했는지, 또는 지사에서 임의로 임시 창고에 갖다 놓았는지 불확실했다. 어쨌든 이런 지경으로 오랜 시간이 흐른 것이다. 이런 경우에도 즉시 다음 달에 매출을 취소하고 원상복귀를 시키면 되는 것인데 또 매출 취소를 분석하여 평가하는 시스템이 있다 보니 이러지도 못하고 저러지도 못하면서 몇 달을 보낸 결과였다. 결국 관련자를 문책하고 매출은 취소해 물건은 원상복귀시켰다. 만약 이 지사장이 실적이 좋지 않아 평가가 나쁘더라도 이것을 감수하고 원칙을 지키겠다는 생각이 강했더라면 없었을 일이었다. 여기서 '지나치게 숫자로만 평가하는 방법이 반드시 좋은 것은 아니다'라는 것을 느꼈다. 그래서 목표에 미달한 경우에도 관용과 아량으로 이해하려고 노력했다.

## 실패를 통해 배웠다: 권력집중 문제

인도 진출 초기 약 3년간 인도인 부사장에게 판매와 마케팅에 관한 전권을 부여하고 그가 하부조직을 총괄하는 구조로 운영했다. 그러나 권한 집중에 따른 부작용이 엄청났다. 원인은 한 사람에게 지나치게 많은 권한을 위임한 탓이었다. 기대도 지나치게 커졌고 실망 또한 그렇게 컸다. 처음 선임한 부사장(Sales & Marketing Vice President)은 똑똑하고 유능했지만 너무 강직한 성품이어서인지 2년 후 회사를 떠났다. 회사 초기 전반적인 판매 조직망이라든가 정책의 기초를 아주 잘 닦은 공신이었는데, 어느 날 일방적으로 회사를 떠나는 것을 보고 크게 실망했다. 그래서 밑에 있던 관리자를 승진시켜 두 번째 부사장으로 내세웠지만 일 년이 지나면서 더 실망하기 시작했다. 시장은 하루가 다르게 급변하는데 신속하게 자신 있는 대응을 못하는 것이었다. 장사는 전쟁과 같은 것이다. 뺏는 자와 뺏기는 자로 나뉜다. 어느 누가 먹고 있던 빵을 내놓으려 하겠는가. '신속한 대응'이야말로 제일 중요한 전략이다. 두 번째 부사장의 취약점은 권한위임을 못하는 것이었다. 자기가 모든 결정을 하고 또 모든 책임을 지려는 태도는 자기를 망치고 회사를 망치고 부하직원을 망친다. 결국 그는 회사를 떠날 수밖에 없었다.

이런 실패의 경험을 토대로 방향을 바꿨다. 즉, 부사장이 모든 권한을 갖는 것이 아니라 조정기능만 갖도록 해서, 권한을 분산하는 원칙을 시행했다. 제품별로 5~6명의 관리자가 자기 제품에 대해 전권을 갖는 식이었다. 이후 회사 전체가 한 사람의 판단에 의존하는 어리석음에서 벗어나 제품별 책임자의 판단과 신속한 결정으로 영업에 활기를 되찾았다. 그리고 모든 제품이 1등으로 달음질칠 수 있게 되었다. 돌이켜보면 중요한 순간, 중요한 결정으로 위기를 현명하게 극복한 것이다.

영업 담당 부사장(Sales Vice President)에서 제품 담당 관리자(Product Group Head)에게 권한을 분산해 운영한 지 2~3년이 지난 후에는 다시 지사장(Branch manager)에게 판촉에 관한 예산집행 권한을 위임하도록 했다. 영업 현장에 있는 지사장이 즉석에서 판촉예산을 집행하고 그 결과에 책임을 지는 방식이었다. 전에는 40여 개 지사장이 본사에 있는 제품 담당 관리자에게 보고하고 승낙을 기다리는 절차가 있었는데 사전에 예산을 줘 그 범위 내에서 집행하고 잘잘못은 나중에 평가받도록 했다. 10% 정도의 지사장은 항상 예산을 초과 집행하는 일이 있었으나 끊임없는 관리로 이를 조정하도록 했다. 권한의 하향 위임이 시장에서 이기는 비결이었다.


## 내부 경쟁이 시장에서 성공을 보장한다

조직은 철저하게 상호 경쟁토록 해야 한다. 절대 권력은 절대 부패한다고 하지 않는가. 치열한 내부 경쟁을 거쳐야 외부에서 이길 수 있는 강한 조직이 된다.

영업은 영업대로, 기타 관리부서는 그들대로 상호 간에 경쟁을 시켜야 한다. 베스트 파이브(best five)는 포상하고 워스트 파이브(worst five)는 개선책을 발표하게 했다. 40여 개 영업지사 가운데 워스트 파이브는 지사장회의에도 참석하지 못하게 했다. 매월 부서별로 상대 평가와 포상을 실시해 항상 깨어 있는 조직을 만들려고 했다. 내부 경쟁이 치열한 회사가 시장에서 1등한다는 것이 경험에서 나온 결론이었다. 모든 회사는 회사의 내부 경쟁 시스템을 점검해봐야 한다.

# 26

# 영업의 운명은
# 구매와 물류가 좌우한다

대개 제품을 만들고 파는 일이 중요하다고 생각한다. 그러나 제품 생산에 필요한 적합한 부품을 적기에 구매하는 일이 판매 못지않게 중요하다. 구매할 때 잘못된 물품을, 잘못된 시점에, 부적절한 수량으로, 그것도 비싸게 사면 아무리 판매를 잘하려 해도 할 수가 없다. 생산된 제품이나 가격에 문제가 발생하기 때문이다. 그래서 판매는 부품 구매 시점에 그 운명이 90% 결정된다고 해도 과언이 아니다. 인도에서도 마찬가지다. 오히려 해외 법인, 그것도 환경이 열악한 인도이기 때문에 더욱 신경을 써야 한다. 그렇다면 어떻게 해야 구매를 잘 할 수 있을까?

## 첫째, 독립정신을 가져야 한다

여기서도 헤어짐의 철학이 필요하다. 각자 살아가려는 노력을 해야 하고, 그런 정신을 가져야 한다. 자기 나름대로 창의적으로 개발해보겠다는 의지가 있어야 한다. '한국 본사에서 다 해주겠지', '한국 본사가 통제해야 한다'라는 사고는 버려야 한다. 멀리 떨어져 있는 본사가 어떻게 해외 현지 공장의 다양한 요구를 다 만족시켜줄 수 있겠는가. 해외 공장은 현지 시장에 맞게 살아가야 한다. 이런 진취적인 문화가 있는 조직이 시장에서 성공한다. 한국 본사가 모든 것을 통제하고 주도하려는 보수적인 조직은 성공하지 못한다.

## 둘째, 도전정신이 있어야 한다

새로운 거래처, 새로운 공급업자를 개발하려는 적극성이 있어야 한다. 대부분 기왕에 해왔던 방식, 또는 기존 공급업자와의 거래에 안주하거나 새로운 공급업자를 개발하는 데 두려움을 느낀다. 그러나 개인이나 조직이 그렇게 보수적으로 새로운 공급업자를 찾지 않고 그들의 접근마저 꺼린다면 성공적인 회사 그리고 경쟁력 있는 조직이 될 수 없다.

한국 기업은 갑과 을의 관계를 너무 의식한다. 그래서 갑이 되면 을을 무시하는 태도를 보이거나 반대로 을은 비굴해지기 쉽다. 그러나 갑이 되더라도 오만한 마음을 버려야 한다. 훌륭한 공급업자가 얼마나 중요한지, 경쟁력 있는 새로운 거래처를 발굴하는 일이 얼마나 중요한지 잘 아는 조직이 이기는 조직이다. 새로운 공급업자가 쉽게 접근할 수 있는 회사, 열린 회사가 되어야 하는 것이다. 미국에서 근무할 때 인상 깊었던 경험 가운데 하나는 큰 회사의 구매담당자와 전화로 쉽게 약속할 수 있다는 점이었다. 처음 거래를 개척하는데 비서를 통해 약속하고 가면 관련된 많은 사람들이 회의에 성의 있게 참가해 새로운 거래업체 발굴에 큰 관심을 보였다. 마이애미에 있는 IBM 건물의 응접실로 기억된다. 처음 찾아오는 방문자가 각 제품별 구매담당자를 쉽게 찾을 수 있도록 이름과 전호번호 등을 보기 좋게 표시해놓고 있었다. 새로운 거래처, 새로운 공급업자 개발을 위해 노력한다는 것을 느낄 수 있었다. 역시 세계적인 회사라는 생각이 절로 들었다.

### 셋째, 경험 있는 회사를 찾아라

독립적이고 적극적인 신규공급업자 발굴을 통해 품질 개선과 원가 절감에 기여할 수 있어야 한다. 특히 해외 구매는 품질을 직접 점검하는 일이 쉽지 않고 납기 차질도 예상해야 하기 때문에 반드시 경험 있는 회사와 거래해야 한다. 이때 경험 있는 회사란 유명한 회사와 거래한 실적이 있는 회사를 뜻한다. 물론 이것이 유일한 잣대는 아니지만 유명한 회사와 거래를 했다는 사실은 이미 많은 부분이 검증되었다는 것을 보여주는 것으로 파악할 수 있기 때문이다.

**넷째, 해외와 현지 공급자를 이원화하라**

해외 공급자의 경우에는 가능하면 국내 공급자와 이원화해 서로 보완관계가 되도록 할 필요가 있다. 그래야 한 쪽에 문제가 발생하더라도 다른 선택의 여지가 있게 되고 그러면 생산에 차질이 빚어지는 일을 막을 수 있다. 해외 공급은 10% 이상의 불리한 점을 안게 되고 현금 흐름에도 3개월 이상의 불이익이 있다. 변수도 훨씬 많아 20% 이상 싸지 않으면 오히려 국내 공급보다 불리하다. 국내 공급업자와 이원화해야 하는 이유다. 60(국내) 대 40(해외) 비중으로 현지 공급자를 육성·개발하는 것이 바람직하다.

**다섯째, B급 업체를 A급으로 육성하라**

구매의 중요성을 고려하면 공급업자를 어떻게 육성하고 지원하느냐는 문제가 대단히 중요하다. 처음부터 현지의 건실한 공급업체를 찾기 어려운 것이 인도의 현실이다. 때문에 B급 업체를 육성하고 지원해서 A급으로 만드는 노력이 필요하다. 우리 회사는 인도 공급업체에게 생산 기술 및 생산원가 절감을 위한 혁신 등에 대한 기술이나 기법을 많이 지도했다. 동반자로 같이 성장하기 위한 노력이었다. 경쟁사 대부분은 이런 기술을 가르치지 않는다. 기업의 비밀이자 자산이라고 생각하는 것이다. 그러나 이런 기술을 공유하지 않고 어떻게 원가 절감을 할 수 있겠는가. 열린 마음으로 협업하지 않고는 혁신도 불가능하다.

공급업자와 함께 성장하는 문화를 만들기 위해 분기 별로 협력회

사 모임을 가졌다. 여기서 그들의 제안을 듣는 데 주력하면서 품질
및 혁신, 실적 등을 수치화시켜 업체별로 비교하기도 했다. 서로 경
쟁하고 자극받도록 하기 위한 것이었다. 물론 잘하는 회사를 격려하
기 위해 시상하는 것도 잊지 않았다.

### 여섯째, 공급업자와의 신뢰구축이 구매의 성공을 좌우한다

공급업자에게 대금을 정확하게 지급해야 한다. 인도 회사들은 관
행적으로 제때에 대금을 지급하지 않는 경우가 많은데 정확한 대금
지급은 품질 향상과 적기 공급, 원가 절감 활동에 절대적으로 중요하
다. 우리는 항상 이 점을 잊지 않았다. 협력 회사에 대한 대금 지급도
가장 먼저 정해진 날짜에 신속하게 이뤄지게끔 했다. 인도 경영 초기
에는 가격 등 구매조건이 좋지 않다고 우리 회사와 거래를 꺼리는 회
사가 많았다. 그러나 대금 지급이 틀림없다는 명성이 나자 많은 회사
가 우리와 거래하기를 원했다. 나아가 우량 협력 회사에게는 대금을
미리 지급하는 선급제도도 활용했다. 이 제도는 협력사는 필요한 자
금을 신속하게 조달하고 우리는 여유 자금을 효율적으로 활용할 수
있어서 상부상조하는 효과를 얻을 수 있었다. 가격 등 조건이 좋으면
무엇 하는가. 제때에 대금이 지급되는 것이 더 중요하다.

## 효율적인 물류 시스템을 갖춰라

물류 시스템도 영업과 손익에 절대적인 영향을 미친다. 효율적인 물류 시스템을 갖추기 위해 명심해야 할 점들이 있다. 여기서도 신뢰 관계 구축이 기본이다. 그러기 위해서는 운송업체에게 정확하게 대금을 지급하는 것이 무엇보다 중요하다. 운송업체에게 제때 대금을 지급하지 못하면서 제때 트럭을 제공받기를 원할 수 없다. 성수기에는 운송 수단인 트럭 확보가 영업의 관건이다. 평소에 신뢰를 쌓지 못한 회사는 트럭을 우선적으로 공급받지 못하는 경우가 많아, 영업에 차질이 빚어질 수밖에 없다. 인도에는 좋은 트럭을 갖고 있는 운수업자가 많지 않다. 오래된 트럭을 운용하는 영세 운송업자가 50% 이상이다. 운송업체와 신뢰관계를 유지하는 것이 필수적이다. 그리고 재고관리를 정확하게 해야 한다. 인도에서는 많은 기업이 수작업으로 실사를 하다 보니 10% 이상 착오가 나는 경우가 많다. 인도의 현실이다. 이를 바로 잡기 위해서는 바코드 시스템 시행이 필요하다. 공장에서부터 보관, 판매 과정까지 컴퓨터로 실재고를 관리할 수 있어야 하기 때문이다. 운송 중 발생할 수 있는 파손도 적극 예방해야 한다. 인도는 장거리를 움직이는데다 도로사정도 좋지 않다. 운송하는 트럭 자체도 낡았을 뿐만 아니라 작업자의 의식수준이 낮아 제품을 함부로 취급하기 일쑤다. 때문에 운송 중 파손 불량률이 5%나 된다. 이를 최대한 줄이는 것이 영업에 도움이 되고 손익에도 크게 영향을 미친다.

# 27

# 끊임없이 변화하라

혁신을 잘하는 회사가 경쟁사보다 상품을 30% 더 판매할 수 있다. 경비도 30% 더 줄일 수 있고, 이익은 100% 더 향상시킬 수 있다. 인도에 있는 많은 기업들에게 가장 부족한 점이 바로 혁신 활동이다. 새로운 인도 회사에서 내 활동의 대부분은 혁신의 놀라운 성과를 가르치는 것이었다. 주역 계사편에 나오는 "어려우면 변해야 하고(궁즉변, 窮則變), 변하면 해결책을 찾을 수 있고(변즉통, 變則通), 해결책을 찾으면 오래 갈 수 있는 것(통즉구, 通則久)"이라는 말이 혁신의 핵심이다.

## 이기는 혁신의 9가지 포인트

### 첫째, 위기 경영을 하라

기업은 항상 위기 속에 있다. 시장은 끊임없이 살아 움직이고 새로운 경쟁자는 시장 확보를 위해 저만의 독특한 전략으로 기존 기업을 공격한다. 미국의 저명한 경영학 교수는 시장을 '불확실성(Uncertainty)'이라고 정의했는데 전적으로 옳다. 그만큼 시장은 변화무쌍하다. 지금 잘하고 있다고, 그리고 1등이라고 변하지 않으면 경쟁에서 뒤진다. 문제가 없다는 생각이 문제다. 최고 경영자의 중요한 임무 가운데 하나는 조직에 건전한 위기의식을 만들어 끊임없이 자기 혁신을 하도록 이끌어 가는 것이다.

인도에서 우리 회사는 높이 설정한 목표를 달성하느라 한 번도 쉬운 달이 없었다. 높은 목표는 조직 전체를 긴장시켰고 권한 위임은 활기를 불러 일으켰다. 한 해를 보내면서 우리의 취약점을 분석해 새로운 혁신 목표를 세우는 일은 무엇보다 중요하다. 최고 책임자가 목표를 제시하는 방법도 있고(Top Down), 아래에서 토론을 거쳐 올라오는 방법도 있다(Bottom Up). 두 방법을 적절하게 활용하는 것이 좋다. 필자는 높은 목표로 큰 방향을 제시하고, 실행방법은 각 부서가 토론하고 합의해서 발표하는 방식을 주로 사용했다. 예를 들면 생산성을 30% 높여, 이익을 30% 향상시켜야 한다는 목표를 주고 실행방안을 연구·발표하도록 하는 것이다. 같은 조직을 10년 이상 이끌어 오면서 매년 새로운 도전 목표를 설정했다. 그래서 조직이 새로운 생각으로 새롭게 도전하도록 위기 경영을 했다.

### 둘째, 인도인이 혁신을 주도하게 하라

혁신이 성공하기 위해서는 혁신 운동이 독립적이고 자주적이어야 한다. 남이 하는 것을 그냥 흉내 내서는 안 된다. 좋은 점을 소화해서 내 것으로 만들어 구성원을 교육해야 호소력과 현실감이 있는 것이다. 인도에서도 마찬가지다. 한국에서 주도하는 혁신 운동을 현지 직원들이 소화해서 인도의 혁신 운동으로 만들어 전파하고 교육해야 한다. 혁신의 수단은 한국 본사에서 배우더라도 나만의 수단과 방법으로 바꿔야 진정한 혁신이 된다. 인도인을 한국에 보내 훈련받고 돌아오도록 해서 그들이 다른 인도인을 교육하는 방법으로 변화시켰다. 어떤 외국 기업보다 우리가 제일 많은 직원을 한국으로 보내 교육시켰다고 자부한다. 외국 기업은 인도인을 교육시켜놓으면 다른 회사로 이직한다는 식의 소극적인 생각을 많이 한다. 나는 노동 시장의 경쟁에서도 이겨야 한다고 봤다. 직원들이 이 회사가 미래가 있고 다른 회사보다 더 보람 있다고 생각하게 해야 한다. 떠나는 사람이 나쁜 것이 아니고 그들에게 비전을 주지 못한 회사가 경쟁에서 지는 것이다.

### 셋째, 5S 운동으로 시작하라

모든 혁신 운동은 5S(Sweeping, Sorting, Systemization, Simplification, Self Discipline)에서 시작한다. 즉, 청소하고, 정리정돈 잘하는 것으로

출발해서 체계화, 단순화하고 자기훈련을 강화하는 것이다. 어떤 공장을 방문했을 때 깨끗하고 정리정돈이 잘 되어 있으면 생각도 정리정돈이 잘 되어 있고 품질도 잘 관리되는 것이다. 누가 왔을 때 일시적으로 보여주기 위해 정리 정돈하는 것은 그 공장의 본래 모습이 아니다. 누가 오든 말든 항상 깨끗하게 관리되는 공장이 사고가 없고 생산성이 높으며 품질 좋은 물건을 만들어낸다.

### 넷째, 집중적으로 하라

인도 공장은 1997년 회사 설립 이후 한국 본사가 만든 여러 가지 혁신 도구(Tool)를 받아들여 전파하고 교육해왔다. 초기에 도입된 5S, 6 Tools, TDR(Tear-Down & Re-engineering) 운동부터 몇 년 전부터 인기를 끌고 있는 6시그마(Six sigma) 운동, 그리고 도요타의 간판시스템(Board system), 블루오션(Blue Ocean) 등 다양한 기법을 소개하고 현장에서 실행해봤다. 이 가운데 인도 직원들은 숫자로 계산하는 6시그마 운동을 특히 잘했다. 6시그마 운동은 혁신 등급을 그린벨트(Green Belt), 블랙벨트(Black Belt), 마스터벨트(Master Belt)로 나누는데 그린벨트는 인도 자체적으로 시험과 혁신 실적에 따라 부여했다. 블랙벨트 이상은 한국 본사가 주관하는 시험에 합격해야 인정된다. 그러나 인도에서는 최고 등급인 마스터벨트를 신청하지 않았다. 마스터벨트는 회사업무에 크게 도움이 되지 않을 뿐 아니라 준비하는 데 많은 시간이 소요된다고 판단했기 때문이다. 이 6시그마 벨트는 직원들이 회사를 옮길 때 좋은 경력이 되었다. 그러나 혁신 운동을 실천할 때 너무 많은 방법을 소개하는 것보다 몇 가지를 꾸준하게 실천하고 깊이 있게 진행하는 것이 좋다. 일본 도요타 자동차 공장을 방문했을 때 일본 책임자가 "한국에서는 혁신도 너무 유행을 쫓아 자주 바꾼다. 하나를 꾸준히 해야 한다"고 충고한 적이 있었다. 우리 스스로를 되돌아보게 하는 말이었다.

**다섯째, 연구개발 인력의 관리에 만전을 기하라**

회사에서는 연구개발 인력의 확보가 가장 중요한 과제다. 이들은 혁신의 주인공이다. 하지만 기술자들은 입사 일 년 이내에 가장 많이 퇴사한다. 초기에 어려운 환경에 적응하지 못하는 것이다. 입사 후 일 년 동안 새로운 환경에 적응할 수 있도록 우리 회사는 많은 노력을 했다. 인사담당 부사장이 매달 점심미팅을 하고 원격지 근무자는 전자메일로 상담해서 그들의 불만과 요구사항을 듣고 해결해주도록 했다. 그리고 사내 취미모임이 활성화되도록 돈도 지원했고, 활발하게 운영되는 모임은 시상도 했다. 회사 생활이 하루의 대부분을 차지한다고 할 만큼 많은 시간을 보내는 데 즐거운 곳이 되어야 한다는 생각이었다.

대체로 직원들이 하는 가장 큰 불만은 일이 힘들고 근무시간이 너무 길다는 것이었다. 그래서 근무시간을 준수하기 위해 늦게 남아있는 부서는 부서장에게 경고도 하고 해서 가능하면 밤늦도록 남아 일하지 않도록 노력했다. 더불어 정해진 시간 안에 효율적으로 일하고 정해진 시간에 퇴근하는 문화를 끊임없이 강조했다. 그런데 인도에서는 한국 파견직원은 일찍 퇴근하고 인도 직원이 늦게까지 일하는 경우가 많았다. 책임감에서 나오는 현상이었다. 다른 나라에서는 한국 파견직원이 늦게까지 남아 일하고 현지인들은 일찍 퇴근하는 반대 현상을 볼 수 있지만 인도는 일과 책임의 주체가 인도인들이기 때문에 그들이 늦게까지 남는 것이었다. 그래도 늦게 남아 있는 것이 중요한 게 아니고 일의 효율성이 중요하다는 것을 항상 강조하면서 정시 퇴근을 큰 미덕으로 생각하는 문화를 만들려고 했다.

**여섯째, 꾸준하게 실행하고 자발적으로 참여하게 하라**

혁신은 말로 하는 것이 아니다. 멋있는 보고서로 하는 것도 아니다. 작은 일이라도 목표를 정해 꾸준히 실천하고, 정기적으로 점검하는 것이 중요하다. 무엇을 바꾸고 무엇을 개선할 것인지 분명히 하고 정해진 시간 속에서 팀워크를 이뤄 실천해야 한다. 그리고 각 프로젝트별로 성과에 따라 보상하는 정기적인 회의체가 있어야 한다. 이렇게 꾸준하게 실행되기 위해서는 많은 사람이 참여해야 한다. 그리고 재미있는 혁신활동이 되어야 한다. 재미있게 하기 위해서는 자발적인 참여가 이뤄져야 한다. 그래야 직원들이 그 프로젝트에 주인의식을 갖게 되고 책임감과 도전의식, 그리고 창의성을 발휘한다. 전략은 흉내 낼 수 있지만 실천은 쉽게 따라 할 수 없다. 전략을 소화해서 그 목표를 내 목표로 삼아 주인의식을 갖고 실행하는 것은 그 조직 전체의 지원이나 문화가 있어야 한다.

적극적인 성격을 가진 우리 회사의 혁신팀장이 있었다. 한국 본사에 가서 여러 번 교육도 받고 회사의 혁신활동을 잘 이끌어왔는데 어느 날 월급을 많이 준다는 다른 회사로 옮겨갔다. 그러나 크게 우려하지 않았다. 그 한 사람이 혁신의 방식을 잘 안다고 해서 그 회사를 혁신시킬 수 없다고 봤기 때문이다. 혁신은 그것을 뒷받침하고 받아들이는 문화가 있어야 성공하는 것이다.

**일곱째, 회사가 먼저 변하라**

혁신의 리더는 최고 경영자가 되어야 한다. 더불어 혁신이 성공하기 위해서는 회사가 먼저 변해야 한다. 즉, 회사 구성원을 위한 제도나 설비, 복리후생 등 회사가 바뀌고 있다는 것을 직원이 느낄 수 있어야 하는 것이다. 직원들에게는 혁신을 요구하면서 회사 운영이 구태의연해서는 혁신은 성공하지 못한다.

직원들에게 5S를 강조하기 위해 회사가 무엇을 먼저 할 수 있을지 고민했다. 먼저 회사 사무실과 공장 건물을 깨끗하게 관리해 직원들이 그 상태를 보고 품질도, 기계 관리도 깨끗하게 해야겠다는 마음이 생기도록 하는 것이 좋겠다고 판단했다. 그래서 일 년 내내 모든 벽이 청결하게 유지되도록 페인트칠에 신경 쓰게 했다. 비록 페인팅일 뿐이지만 어디든 흠이 있을 때 즉시 보수하는 회사, 그래서 항상 깨어 있다는 것을 느낄 수 있는 회사, 그리고 그 속에서 일하는 직원 역시 살아 있고 깨어 있다는 의식을 가지고 있는 회사가 되기를 원했다. 더불어 천정에 누수 자국이라든가 쥐 분비물 자국을 없애고 고장난 전등 등을 회사가 신속하게 수리·보수하도록 했다. 보이지 않는 기강을 심어 주려는 노력이었다. 1등 회사로서 남다른 점을 느끼도록 하는 것이었다. 보통 인도에서 가장 부족한 점은 바로 이런 기강이 없어 해이하다는 것이다. '조금만 돈을 들여도 훨씬 깨끗하게 유지될 수 있는데'라는 아쉬움이 많이 드는 것이 인도의 현실이다. 이런 환경은 품질, 판매, 관리 등 모든 영역에 큰 영향을 미친다.

### 여덟째, 빅체인지(Big Change)하라

보통 혁신은 공장에서만 하는 것으로 이해하기 쉽다. 그러나 판매, 마케팅, 관리, 인사 등 회사 모든 부문이 항상 변하고 달라지지 않으면 경쟁에서 이길 수 없다. 혁신은 달라지는 것이다. 혁신이라는 말이 너무 많이 사용되고 식상한 감이 있어 빅체인지 운동을 새로 도입했다. 새로운 생각을 갖도록 하기 위한 것이었다. 빅체인지 운동은 다음 해 무엇을 '크게 바꾸어' 업무의 생산성을 높이고 경영성과에 '크게 기여'할 수 있을 것인지 그 방안을 모색하고 실천하는 것이었다. 이를 부서장과 최고 책임자가 함께 한 자리에서 각 부서원이 토론을 거쳐 목표를 발표하게 하고 방안을 확정했다. 자발적 참여방식을 통해 새로운 아이디어를 발굴하고 실천하는 것이 목표였다.

빅체인지 운동이 혁신과 다른 점은 '무엇을 크게 바꿀 수 있는가'에 집중하는 점이었다. 생각을 크게 해서 근본적인 것을 바꾸는 과감한 발상을 요구했다. 좋은 안이 많이 나왔다. 또 이 운동을 실행하고 검토하는 회의를 3개월마다 열었다. 확정되지 않은 안은 계속 연구·검토해서 발표하도록 했고, 즉시 실행 가능한 안은 실행의 문제점과 진척 현황 등을 좀 더 자세하게 검토해서 발표하게 했다. 이러한 과정을 통해 새로운 생각을 정리하면서 창의적 사고로 기존 생각의 틀을 바꾸는 계기로 삼았다.

**아홉째, 30% 낭비 제거 운동(Loss Elimination)을 시도하라**

본격적인 낭비 제거 운동에 나선 것은 재료비 절감을 통한 원가 절감에만 의존해서는 안 되겠다는 건의 때문이었다. 그동안에는 매년 원가 절감 운동을 통해 시장가격 하락에 대처해왔다. 재료비 절감은 연구개발팀이 설계를 변경해 부품을 줄이거나, 상대적으로 질 좋고 싼 부품을 사용하거나, 구매파트에서 품질은 비슷하고 가격이 싼 부품을 공급하는 업체를 개발하는 등의 방식으로 이뤄졌다. 그래서 시작한 운동이 낭비제거 운동이다. 재료비 절감 외에 생산 과정이나 절차를 간소화해 절감하는 방안을 찾자는 생각이 바탕이었다. 우선 각 부서가 자진해서 목표를 세우도록 했고, 매달 진척도를 점검했다. 그래서 목표를 달성한 부서는 시상을 했는데 성과가 컸다. 수입물품이나 수입부품의 통관과정에서 발생하는 통관지연으로 인한 과태료를 줄인 것을 예로 들 수 있다. 점검해 보니 과태료 액수가 상당했다. 평균 2주 정도의 통관 지연이 일어나는 탓이었다. 이 비용을 줄이기 위해 수입 물품을 즉시 보세창고로 옮겨 놓는 시스템을 만들었다. 물론 추가로 보세 창고비용이 나갔지만 과태료보다는 훨씬 경제적이었다. 이처럼 혁신에는 끝이 없다. 모든 경비는 30% 줄일 수 있다. 그리고 매년 생산성을 최소한 30% 올려야 정상이다.

—

# 언론과의 인터뷰

인도와 한국의 언론을 비롯해 세계 유명 매체와 그동안 100회 이상 만났다. 인터뷰 요청이 오면 가능한 한 거부하지 않고 적극 협조했다. 좋은 내용으로 회사가 홍보될 수 있도록 하기 위해서였다. 그리고 인터뷰를 하면서 생각을 정리하고 철학을 정립해 나갔다.

인터뷰를 하다보면 기자들의 태도가 크게 두 가지로 나뉜다. 긍정적으로 접근하는 기자가 있었고, '뭐 대단한 건 아니지 않느냐'는 태도로 나오는 기자가 있다. 특히 인도 신문은 반드시 우호적인 것만은 아니었다. 인도에 진출한 한국 회사라면 작은 것도 부정적으로 확대해서 보도하는 경우도 있었다. 가령 우리 회사의 판매 책임자가 바뀔 때 회사운영에 문제가 있는 것처럼 보도하기도 하는 등 부정적인 시각으로만 어떤 사실을 전하는 기자가 있어 편집인에게 항의한 일도 기억한다. 그런 인도 기자의 심정은 충분히 이해한다. 만약 한국에서 일본 회사나 미국 회사가 가전 부문에서 1등을 한다고 생각해

보면 한국 기자들이 그 외국 회사에 박수만 치고 있을 수는 없지 않겠는가.

그래서 인도 기자와 인터뷰할 때에는 굉장히 말을 조심했다. '우리가 최고'라고 하기보다 '인도 기업도 어떤 부문을 잘하고 있고 인도 기업에게 무엇을 배우고 있다'는 식으로 겸손한 태도를 보였다. 그렇지 않으면 그 다음날 신문에 대서특필해서 공격하고 비난하기도 했다. 어느 회사든 비난할 거리는 찾으면 있는 것이다.

일본 기자들은 인터뷰 준비를 많이 하고 오는 것 같았다. 미팅 전에 회사에 대해 연구하는 것은 물론 현지 한국 책임자인 나에 대해서도 인터넷을 통해 그동안 했던 인터뷰 내용 등을 충분히 검토하고 왔다는 것을 느꼈다. 그것을 보면서 확실히 일본 사람들의 치밀함, 꼼꼼함에는 당하기 어렵겠다는 생각을 했다. 골프를 칠 때 앞 팀에 일본 팀이 있으면 진행이 훨씬 더디고 시간이 많이 걸려 짜증이 났던 경험이 많다. 재미있는 점은 장사는 치밀하고 꼼꼼한 사람이 반드시 잘한다는 법은 없다는 것이다.


## 질문 1
## 인도에서 성공한 이유가 무엇이라고 생각하는가

제일 먼저 묻는 질문이자 평범한 질문이다. 쉽게 그리고 겸손하게 대답하려고 노력했다. 텔레비전 방송을 위한 인터뷰도 많기 때문에 즉시 대답할 수 있도록 생각을 정리해놓는 요령도 생겼다.

많은 것을 말할 수 있으나 무엇보다 품질(Quality)과 혁신(Innovation)을 이야기했다. 제품의 품질뿐만 아니라 사람의 질, 영업의 질, 서비스의 질, 관리의 질이 모두 중요하다. 우선 품질에서 1등을 하지 못하면 시장에서 오래 살아남지 못한다. 고객이 한 번 떠나면 10명의 또 다른 고객을 잃는 것이다.

다음은 끊임없는 개선을 위한 혁신이다. 이것으로 경쟁사를 이겼다. 품질 개선, 원가 개선, 생산성 개선, 영업망 개선, 관리 개선 등 혁신은 5%의 추가이익을 가져온다고 본다. 그리고 이런 최고의 품질과 혁신은 주인의식(Ownership)에서 나오고 이 주인의식은 위임경영(Empowerment)에서 비롯된다고 설명했다. 책임과 권한의 위임이야말로 직원이 주인이 되게 하는 가장 중요한 길이라고 덧붙였다. 각 부서, 각 관리자가 자기가 책임지고 결정하며 그 결과에 따라 보상과 불이익을 받는 것이다. 사람이 주인일 때의 생각과 행동은 시키는 대로 하는 노예의 생각 그리고 행동과는 질적으로 하늘과 땅만큼의 차이가 있다.


## 질문 2
### 다루기 힘든 인도 직원을 어떻게 관리해서 성과를 냈는가

외국기자들이 많이 하는 질문이었다. 인도에 주재하는 ≪포천

(Fortune)≫지 기자가 옆에 인도인 홍보 담당직원이 있는데도 모두 알아듣는 영어로 물었던 기억이 있다. 그 기자는 인도 직원들이 일을 열심히 하지 않고 거짓말을 잘한다는 등 인도인에 대한 일반적인 편견을 이야기했다. 이것이 편견이냐 진실이냐는 인도 사람을 어떻게 대하느냐와 관계가 있다. 열린 마음으로 진실하게 상대방을 존경하면 상대방도 우리를 긍정적으로, 또 성실한 마음으로 대한다고 믿는다. 상대방을 믿지 않고 상대방을 의심하면서 그들에게 나를 믿고 최선을 다해 열심히 일하라고 하는 것은 어처구니없는 일 아닌가.

강아지도 주인이 무슨 생각을 하는지 금방 알아챈다. 하물며 사람은 5분만 이야기해보면 상대방이 나를 어떻게 생각하는지 알게 된다. '이 사람이 지금 나를 무시하고 있구나', '나를 싫어하는구나', '나를 이용하려 하고 있구나'를 즉시 안다. 우리가 생각한대로 상대방은 생각하고 행동하는 것이다.

대개 "회사를 운영하면서 상대방이 인도 사람, 인도 직원이라고 생각해본 일이 한 번도 없다"라고 이야기하니까 믿을 수 없다는 표정을 지었다. 인도 사람이건 한국 사람이건 어느 나라 사람인가의 문제가 개입할 여지가 어디 있는가. 가장 합리적인 것이 무엇인가가 가장 중요하다. 정말이다. 무엇을 일반화하는 것처럼 잘못된 것이 없다. 요즘 철학에서도 플라톤의 '보편적 진리'라는 말이 설 땅을 잃고 있지 않는가? 세계 어디서나 어떤 경우에도 통한다는 그 진리가 자유로운 사고를 속박하고 질식시킨다는 것이다. '한국 사람은 어떻다'라는 일반론이 얼마나 많은 오류를 범하게 하는가.

인도에서 10년, 그리고 그 이전에 중동의 두바이에서 보낸 3년, 중남미 파나마에서 6년 동안 인도 상인과 거래하면서 한 번도 당해 본 일이 없다. 진실한 거래관계, 진솔한 인간관계로 인도 상인을 존경해왔다.

그러나 이런 이야기가 모든 사람에게 적용되는 것은 아니다. 기대가 너무 커서 실망이 클 수도 있다. 남과 달리 인도 사람에 대해 더 좋은 경험을 더 많이 했는지 스스로 분석해봤다. 결론은 보통 사람들은 100점을 요구하고 실망하는데 나는 70점이면 괜찮다고 생각했다는 것이었다. 많은 경우 스스로 부족하면서 상대방에게 많은 것을 요구하고 실망한다. 처음부터 70점 정도 기대하니 그에 대해 미리 대비한다. 그리고 상대방에게 잘 했다고 칭찬하면 더욱 분발하는 것이다. 이와 함께 자기가 너무 순진하지 않았는지 되돌아볼 필요도 있다. 장사하는 데 돈 앞에서 순진해서는 당한다. 당하지 않아야 한다. 믿을 만한지 구별할 능력이 있어야 하고 허술해서도 안 된다.

결론적으로 '인도 사람은 다 어떻다'라고 하기보다는 좋은 사람, 믿을 만한 사람을 서로의 관계 속에서 만들어가는 것이 핵심이다.

### 질문 3

## 30~40년 된 인도 회사를 제치고 빠른 시간에
## 시장에서 선두로 나서게 된 이유는 무엇인가

특히 인도 기자들이 많이 하는 질문이다. "인도 진출 4~5년 후부터 시장에서 1위를 했으니 빠르다고 하지만 사실은 절대 빠른 것이 아니다"라고 대답했다.

세계 여러 곳에서 엄청나게 투자하면서 쌓은 경험을 토대로 인도 시장에 진입했다. 그동안의 값비싼 경험이 자산이 되어 시장에서 성공할 수 있었던 것이다. 수많은 한국 기업들이 세계 여러 나라에서 얼마나 많은 시행착오를 하면서 배웠는가. 실수를 하면서도 공격적인 세계화로 우리는 급성장했다. 인도는 1991년에야 비로소 개방경제체제로 전환하면서 세계화 대열에 참여했다. 지금까지는 우리가 앞서고 있으나 인도의 진취적 세계화 전략에 따라서는 30년 후에 선후가 바뀔 수 있다고 생각한다.

### 질문 4

## 왜 먼저 들어온 일본 회사들은 실패해서 공장을 철수하고
## 시장에서 경쟁력을 잃고 있는가

일본 기자들이 끊임없는 던지는 질문이다. NHK, 니혼TV, 니혼

게이자이 등 언론뿐만 아니라 인도 주재 일본대사가 점심식사에 초
대해서 꼭 듣고 싶어 한 이야기가 바로 이에 대한 답변이었다.

먼저, 각오(Commitment)가 부족해서라고 대답했다. 일본 유수의
회사라면 기술도 있고 경험도 있고 돈도 있는데 전투의식이 부족한
것 같다고 이야기했다. 우리가 일본에서 많은 것을 배웠지만 다만 전
투의식 또는 각오는 한국이 결코 일본에 뒤지지 않는다. 특히 "살기
어려운 인도에서 일본 주재원들은 단신으로 부임해 언제 돌아갈까
부터 생각하는데 한국 주재원들은 온 가족이 함께 나와 더 있었으면
좋겠다는 각오로 싸우니 누가 이기겠는가"라고 대사에게도 반문했
다. 기자들뿐만 아니라 일본의 가전 회사 본사가 요청해서 하는 면담
도 많다. 되도록이면 만나지 않으려고 하는데 우리 회사의 도쿄 사무
실을 통해 면담 요청이 들어오면 만나 이야기한 경우가 여러 번 있었
다. 일본 회사의 고민은 일본 주재원이 인도에서 생활하기 힘들어한
다는 것이다. 이렇게 소극적인 생각을 갖고 있기 때문에 인도 시장에
깊이 뿌리를 못 내리고 쉬운 방법을 택한다. 한 번 인도에 들어왔으
면 무슨 수를 써서라도 성공해야겠다는 의지가 없다 보니 전략도 없
게 된다. 인도는 쉬운 방법으로 이길 수 있는 그런 호락호락한 곳이
아니다. 우리 한국도 곧 힘든 곳은 가지 않으려는 소극적인 사람이
많아져 해외에 파견하는 일 자체가 어려워지는 때가 오지 않을까 우
려된다.

둘째, 현지 공장으로 철저히 현지화해야 1등을 할 수 있다. 멀리
떨어져 있는 본사에서 기획한 제품이 인도에서 제대로 팔린다고 기

대하는 것보다 현지에서 기획하고 현지 공장에서 생산한 제품이 더 잘 팔린다고 생각하는 것이 시장친화적인 사고다. 물류 면에서도 현지 공급이 수입해서 쓰는 것보다 훨씬 편리하고 시장 상황에 맞춰 적기에 공급하는 것이 가능하다. 현지 생산과 수입은 매출에서 30% 차이가 난다. 대부분의 일본 회사가 이런 철저한 현지화에 약하기 때문에 시장에서 1등하지 못하는 것이다.

셋째, 부품 공급업체의 현지화에 일본 기업들이 소극적이다. 현지 공장의 성공은 전적으로 부품업체의 현지화에 달려 있다. 일부는 본국에서 초청해오고 일부는 현지에서 적합한 업체를 개발해 지원·육성하는 노력을 해야 한다. 보통 이런 업체를 쉽게 발견할 수 없어 수입부품에 많이 의존하는데 같은 가격이면 30%의 불이익이 있다. 수입부품 가격이 30% 싸지 않으면 별 이익이 없다는 이야기다. 이때 수입부품 가격은 관세 등을 지급한 후의 가격이다. 우리는 이런 업체를 개발해 철저하게 지원·육성한 것이 현지 공장의 성공으로 이어졌다. 일본 기업은 '품질이 안 된다'는 등의 이유를 내세워 이런 노력을 등한시했기 때문에 현지 공장이 성공하지 못한 경우가 많았다.

넷째, 일본 기업은 공장 운영이나 영업 등에서도 현지인을 믿고 그들에게 맡기는 위임경영을 소홀히 해 철저하게 현지화하지 못했다. 주인의식 없는 직원은 절대 1등 기업을 만들 수 없다.

다섯째, 'Meet the market' 정신의 결여다. 시장이 요구하는 것을 누가 빨리 'meet'하느냐가 성공의 척도다. 'Quick decision', 'Quick action'이 생명이다. 가격뿐만 아니라 분쟁이 있을 때도 신속하게 해결해서 향후 거래에 지장이 없도록 하는 등 철저한 시장 위주의 결정이 성공을 보장하는 것이다. 많은 일본 기업들이 너무 신중하다. 또 품질이 더 좋은데, 기술적으로 더 우수한데 등의 이유로 결정을 미루는 동안 시장은 변하고 경쟁사가 선점을 하게 된다. 기회를 잃어버리는 것이다.

여섯째, 'Foot marketing'이 부족하다. 거래선을 직접 만나고 서비스센터를 방문하는 등 발로 뛰는 마케팅이 약하다. 인도에 대한 애정이 약하기 때문이다. 'Humble mind'가 성공의 지름길이다. 품질도 좋은데, 기술도 좋은데 등의 자만심만 가지고는 1등을 하지 못한다. 머리보다 가슴으로 뛰는 열정이 일본 기업에 부족하다.

일곱째, 지방공략(Up country marketing)에 약하다. 지방 시장이 커지고 있다. 모든 사람들이 대도시에 집중하는데 새롭게 커지는 지방을 주목해야 한다. 방문하기도 쉽지 않고 호텔도 열악하지만 최고 책임자가 지방을 자주 찾아가는 회사가 1등을 할 수 있다. 비행기가 가지 않는 오지에 야간 기차를 타고 가본 책임자가 얼마나 되는지 스스로 반성해봐야 한다. 신사 마케팅, 귀족 마케팅으로는 인도에서 성공하지 못한다.

## 중국 업체가 인도 시장을 공략하려고 노력하는데 어떻게 생각하는가

중국 가전업체의 인도 진입 시도는 그동안 두 차례 있었으나 모두 성공하지 못했다. 한 번은 2000~2002년 사이에 여러 가전 회사가 진입했다가 실패하고 퇴장했다가 2006~2007년 전열을 가다듬어 다시 들어왔으나 아직까지 고전을 면치 못하고 있다. 이들이 고전하는 이유를 잘 분석해보면 한국 회사가 중국 내수 시장에서 왜 고전하는지 알 수 있는 귀한 참고자료가 될 수 있다.

첫째, 인도 시장을 쉽게 생각한다. 1970년대 종합무역상사를 위시해 많은 회사들이 별다른 준비 없이 각국 시장 진출을 시도하다 얼마나 많은 시행착오를 겪었는지 우리는 기억하고 있다. 중국 기업들이 과거 우리가 했던 과오를 그대로 범하고 있다. 현지 시장에 맞는 제품 개발 및 품질 보장, 판매망 확보, 강력한 회계 시스템을 포함한 관리 서비스망 구축 등을 심각하게 준비하지 않고 진입하는 것이다. 물론 중국 기업에 물으면 그들 나름대로 철저하게 준비했다고 할 것이다. 여기서 관리 수준의 차이가 드러난다. 바로 눈높이의 차이인 것이다.

둘째, 관리 능력의 부족이다. 한국 언론들이 한국과 중국의 기술을 많이 비교한다. 그런데 간과하는 것이 있다. 가장 어려운 기술인 관리 기술이다. 눈에 보이는 기술보다 눈에 보이지 않는 기술이 더 어려운 법이다. 즉, 눈에 보이는 상품을 만드는 기술보다 눈에 보이지 않는 품질관리, 생산관리, 영업관리, 인사관리, 사후 품질관리인 애프터서비스 등이 훨씬 어려운 것이다. 이 관리 기술은 열심히 한다고 쉽게 터득되는 게 아니다. 조직 전체 더 나아가 그 나라 국민 의식, 문화 수준과 밀접한 관계가 있다. 전체적인 눈높이가 올라가야 하는 것이다. 우리 회사에서 아주 공격적이며 훌륭하다고 평가받던 판매부서의 인도 책임자 한 명이 중국에서 1~2등 한다는 회사의 인도 법인 최고 책임자로 옮겨 갔다. 그 인도 책임자는 훌륭한 판매책임자이지 훌륭한 관리자는 아니었다. 판매는 잘 했으나 판매 대금 회수, 애프터서비스에 문제가 있었다. 결국 판매부진으로 엄청난 재고가 문제되어 사퇴하고 말았다. 많은 사람들이 판매가 중요하다고 한다. 그러나 강력한 영업 관리가 뒷받침되지 않는 판매는 '의미 없는 물건 나눠 주기'에 불과한 것이다. 고아원에 기증하면 신문에라도 나서 회사에 좋은 홍보라도 되는데 물건 팔고 돈 못 받으면 바보 소리 듣는다.

셋째, 애프터서비스 문제의 심각성이다. 판매보다 더 중요하고 광고보다 더 큰 홍보 효과를 가져 오는 것이 애프터서비스다. 중국 기업들은 애프터서비스망 구축을 소홀히 한다. 물론 중국 회사 나름대로 준비했을 것이나 고객요구에 크게 못 미치는 수준이다. 형편없는 애프터서비스 때문에 대리점의 배척을 당하는 것이다. 이런 서비스망을 구축하는 데는 시간이 걸린다. 때문에 천천히 지역을 넓혀 나가고 판매량도 소화 능력에 맞게 차츰 차츰 늘려 나가야 한다. 하지만 무리하게 판매를 확장하다 고객의 신뢰를 잃게 되는 것이다.

넷째, 단기 전략의 문제다. 어느 시장에 진입할 때는 중장기적으로 보고 꾸준한 투자와 노력이 필요하다. 그런데 중국 본사는 단기적인 것 같다. 적은 투자로 짧은 시간에 좋은 결과를 쉽게 얻으려 하는 것이다. 이렇게 해서는 성공하기 어렵다. 한 시장에서 성공하기 위해서는 시행착오를 통해 배워야 하고 수많은 시간과 사람의 희생이 필요하다. 시장은 살아 있는 생물이다. 수시로 변한다. 시장에서 경쟁은 전쟁과 같다. 지면 굶는다. 죽는 것이다. 누가 그 고지를 쉽게 내주겠는가. 특별히 남다른 전략으로 길게 보고 내 실력을 쌓아 가면서 작더라도 내 성(Castle)을 하나씩 하나씩 튼튼하게 구축해 나가야 살아남을 수 있다. 수많은 작은 성이 모여 어느 날 제일 강한 군주가 되는 것이다.

한국 회사가 중국 내수 시장에서 쉽게 성공하지 못하는 이유도 중국 회사가 인도에서 성공하지 못하는 그것과 거의 같다고 본다. 한국 회사는 중국 시장에 깊이 뿌리 내리는 전략을 구사해야 한다. 중국 토착 회사보다 더 깊게 뿌리를 내려야 산다. 바람이 세다고 한다. 바람이 아닌 폭풍이 불기 때문에 더 어렵다고 한다. 안 되는 이유는 항상 천 가지도 넘는다. 될 수 있는 이유를 그리고 남 다른 방법을 한 가지라도 찾아 작지만 튼튼한 성을 하나라도 만들어야 그것이 발판이 되지 않겠는가. 인도보다 세 배나 더 넓은 중국 어느 한 구석에 우리의 성을, 우리의 작은 진지를 만들 수 없다는 이야기는 있을 수 없다. 한 곳에서 1등을 할 수 있는 사람은 또 다른 곳에서도 1등을 할 수 있다고 확신한다. 중국 한 지역에 깊게 뿌리내리는 전략이 살 길이다. 이 말은 중국의 인도 진출에도 그대로 적용될 것이다.


**질문 6**

## 인도 진출은 단독 또는 인도 업체와의 합작 가운데 어느 것이 좋은가

일반적으로는 단독으로 하는 것이 좋다. 백지 위에 새로운 그림을 그리는 것이 쉽지, 있는 그림을 고치는 일은 상당히 어려운 것과 같다. 또 선장은 한 명이어야 하지, 두 명이 되면 어렵다. 자기가 잘 아는 사업, 오랫동안 해왔던 사업은 단독으로 하면 좋다. 그러나 자본에 문제가 있다든지 자기가 잘 모르는 사업은 어쩔 수 없이 합작을 해야 되지 않을까 생각한다. 그러려면 합작 기업을 잘 골라야 한다. 가능하면 외국 기업과 합작을 잘하고 있는 기업을 선택하는 것도 방법이다. 그리고 일단 현지 기업과 합작을 하게 되면 역할을 분명하게 나눠 서로 관여하는 것을 최소화해야 성공한다. 많은 경우 잘 해보겠다는 욕심으로 지나친 지원을 한다고 하는데 지나친 지원은 지나친 간섭으로 이어지고 결국 불화가 생겨 갈등이 커지면 실패하기 십상이다. 합작의 성공 비결은 상대방의 의사를 존중하는 것이다. 부족하고 못마땅하더라도 참는 것이 필요하다. 이런 정신은 단독법인도 사실은 자본에 상관없이 인도인과 한국인의 합작이라고 생각하면 통하는 것이다.

## 질문 7
## 인도 회사의 장단점은 무엇인가

인도 회사의 취약점은 첫째, 근본적인 개선에 집중하지 못한다는 것이다. 단기적인 성과에 치중하고 장기적인 개선, 근본적인 체질 개선을 등한시한다는 것이 최대의 약점이다. 성과는 근본적인 개선이 없으면 계속 될 수 없다. 그렇다면 근본적인 개선이란 무엇인가. 품질 향상과 혁신이다. 품질과 혁신은 돈 주고 살 수 없는 것이다. 이것은 습관이고 철학이다. 기업의 문화로서 꾸준히 오랜 세월을 두고 투자를 해야 하는 것이다. 일본 기업이 가장 잘하고 있다. 한국은 일본에게 배워 여기에 속도와 과감성을 행동지침으로 추가하다 보니 지난 짧은 세월 동안에 빈곤에서 탈출할 수 있었다. 인도 기업도 품질 향상과 혁신에 장기적인 투자를 해야 한다.

둘째, 자신감과 긍정적 자세가 부족하다. 이것은 좀 더 공격적이어야 한다는 말이다. 무엇이든 하면 된다는 자신감과 적극적인 사고가 부족하다. 특히 벌써 중국보다 많이 뒤떨어져 있는데 그들을 상대로 세계시장에서 어떻게 이길 수 있는가 하는 회의감이 널리 퍼져 있다. 정부가 크게 정책을 바꿔 국내시장에서만은 인도 생산품이 우위를 갖도록 적극적인 지원정책을 펴야 한다. 인도 기업들이 생산보다 손쉬운 수입 판매를 선호한다면 인도의 고용은 누가 책임지고 생산을 통한 기술혁신은 언제 어디서 할 수 있겠는가. 시행착오를 통해 기술은 점차 발전하는 것이다. 시행착오를 할 수 있는 시간을 정부 정책으로 보장해줘야 한다.

반면 인도 회사의 강점은 첫째, 인적 자원이 우수하다는 것이다. 인도의 인력은 한국 회사 직원보다 10년 정도 성숙하다고 생각한다. 영어를 사용하고 다양성 사회에서 단련되었기 때문이다. 매우 훌륭한 자산이다. 우리 회사가 인도 시장에서 1등을 하게 한 주인공은 바로 인도 직원이었다. 그들 스스로 책임지고 일할 수 있도록 환경을 만들어준 것뿐이다.

둘째, 텃세가 훨씬 적고, 개방적이다. 외부에서 누가 와도 같이 적응을 잘한다. 엄청난 장점이다. 좋은 리더만 있으면 크게 발전할 수 있는 자질을 갖고 있다. 한국 회사를 떠나 인도 회사에서 3년 가까이 근무할 수 있었던 것은 합리적으로 이야기하면 수긍하고 따라준 그들의 태도 덕분이다.

# 인도 13년, 그리고 양손 경영

인도 생활 13년을 되돌아보면 IT 부문에서 1등하지 못한 것이
가장 아쉽다. 컴퓨터와 모바일폰 부문에서 전부 한국 기업이 부진하
다. 인도의 IT 산업은 이제 진입기로서 시장은 무궁무진하다.

우선 컴퓨터는 선진국에서는 노트북, 태블릿 PC 등의 단계로 넘
어 가고 있지만 인도는 아직 데스크탑 컴퓨터가 더 많이 보급되어야
할 때이다. 전문 기관 조사에 따르면 2010년 컴퓨터 보급률은 가구
당 겨우 20% 정도이고 인터넷 사용자는 8,000만 명 수준이다. 향후
발전 가능성이 충분한 것이다. 집집마다 컴퓨터를 갖는 날이 반드시
올 것으로 생각한다. 가정용 컴퓨터를 가전 판매망을 이용해 판매하
는 새로운 시도를 했다. 지금까지는 대부분 사무용 컴퓨터를 회사 상
대로 파는 영업을 해왔는데 우리가 처음으로 가전 대리점에서도 컴
퓨터를 팔기 시작했다. 가정용 컴퓨터 판매를 통해 2006년에는 우리
가 가장 믿을 수 있는 컴퓨터 회사(The Most Respected Brand)가 되는

영광을 차지할 수 있었다. 인도에서는 아직 일반 가정보다는 회사에서 컴퓨터를 많이 사용하고 고급 기종을 쓰고 있는데 사무실용 컴퓨터 시장에는 진입이 어렵다. 휴렛패커드(HP), 에이서(Acer), 레노보(Lenovo) 등이 강력한 브랜드다. 처음에는 컴퓨터를 외주 생산했으나 자체 생산 시설이 없으면 외주를 지도할 수 없다는 것을 알고 자체 개발 인력과 자체 생산 시설을 갖추고 컴퓨터에서도 1등을 하겠다는 목표를 세우고 노력했다. 인도는 교육열이 대단하기 때문에 가정에서 두 번째 텔레비전을 사기보다는 아이들에게 컴퓨터를 사줄 것으로 생각한다. 그렇게 되면 인도의 가정용 컴퓨터 보급은 큰 사업이 될 것으로 예상할 수 있다.

그리고 인도에서도 모바일폰이 생활의 혁명을 일으키고 있다. 2010년에 가입자가 6억 명 정도 되고 일 년에 6,000만~7,000만 명이 신규가입하고 있는 것으로 알고 있다. 증가 속도 면에서 세계 1위라고 할 정도다.

소마차를 끌고 가는 사람도 휴대폰을 사용하고 있고 집에서 일하는 여자 가정부도 휴대폰을 가지고 있다. 중고 시장이 잘 발달되어 있어 아주 싼 가격에 휴대폰을 구입할 수 있다. 휴대폰이 신분의 격차를 허물고 있는 것처럼 보인다.

그동안에는 산간벽지나 외딴 섬에 유선 전화선이 깔려 있지 않아 전화가 되지 않았으나 이제는 안테나를 설치해 손쉽게 대도시나 육지와 통화하고 거래까지 할 수 있다. 유선 전화 보급률이 낮은 후진국에서 더 빨리 모바일 혁명이 일어나고 있는 것이다. 이런 엄청난 시장에 노키아(Nokia)가 40%의 시장점유율을 확보하고 있다. 한국 기업은 겨우 5% 수준이다. 안타깝다. 이런 이유는 시장의 요구를 맞추지 못하기 때문이다. 인도는 중저가 시장이 80~90%인데 한국 제품은 이 시장에서 경쟁력이 없다. 장사가 반드시 가격만 가지고 하는 것이 아니기 때문에 모델이라도 다양하면 다른 것을 차별화해서 경쟁해볼 수 있는데 모델도 부족하다. 모델을 다양화하기 위해서는 꼭 내가 개발할 필요가 없다. 외부 생산 등 활용할 수 있는 방안들이 있다. 하지만 우리는 이런 것에 약하다.

이것도 '열린 마음, 열린 경영'과 연관되는 것이다. 한국 기업이 세계화를 위해 극복해야 할 첫째가 바로 이 열린 경영을 막는 장애물이다. 내가 직접 하지 않으면 안 된다는 사고방식, 내가 제일 잘하고 남이 하는 것은 믿을 수 없다는 생각을 버리지 않는 한 세계화는 성공할 수 없다. 노키아는 30%를 외부업체가 설계하고 생산하도록 하고 있다. 그러니까 절대적인 우위를 점할 수 있는 것이다. 혼자보다 10명이 합친 힘이 훨씬 창의적이고 강하다. 외국 기업, 외국 공장과 힘을 합하는 것을 배워야 한다. 열린 마음이 필요하다.

다음으로 아쉬운 것은 우리 가전의 광범위한 지사 관리망을 이용해 소매금융을 한다면 잘 할 수 있지 않을까 하고 검토만 하다 실행하지 못한 점이다.

인도에서 소비자에게 물건을 팔 때 외상으로 판매하는 것, 예를 들면 12개월 할부 판매 등은 아주 강력한 판매촉진책이 된다. 자체 판매에 대한 금융제공만 해도 한 회사가 운영될 정도라고 본다. 현재는 극소수의 대리점이 자체적으로 금융을 제공하지만 대부분의 대리점은 금융회사를 이용해 할부 판매를 하고 있다. 많은 지역은 아직 금융회사가 취급하지 못하는 경우가 있다. 이런 지역의 대리점이 끊임없이 소비자에게 금융을 제공하는 방법을 강구해주기 바란다. 미국의 GE가 인도에서 GE Money라는 이름으로 금융업을 활발하게 하고 있다. GE는 이런 금융업을 미래 산업으로 지목하고 육성하고 있다. 그러나 우리나라 회사는 이런 부분에 관심을 갖지 않는 것 같아 안타깝다.

인도에 10년간 뿌리를 내린 바탕 위에 새로운 사업을 추가할 수 없을지 끊임없이 고민했다. 30~40년 된 현지 기업보다 훨씬 높은 브랜드 인지도, 소니보다 높은 선호도, 여기에 뛰어난 관리력으로 무엇이든 새로운 사업을 시작하면 잘 할 수 있을 텐데 그냥 수십 년 동안 해오던 기존 사업만 한다는 것은 정말 아쉬운 일이다.

요즘 전 세계적으로 이슈가 되고 있는 물 관련 사업은 인도에서 정말 해볼 만하다. GE가 구상하고 추진하는 미래 사업을 주시할 필요가 있다. GE가 생각하는 미래 사업은 금융, 헬스 케어(Health Care), 보안(Security), 깨끗한 물, 풍력 태양력 발전, 청정석탄개발 등이다. 모든 기업은 과감한 신규 사업 개발과 투자를 통한 성장 없이 미래가 없다. 인도 기업의 공격적 기업 인수·합병을 통한 신규 사업 진출을 다시 한 번 주목해야 한다. 인도에서 성공한 우리 가전 사업이 10년 후 과연 어떻게 진화하고, 변해 있을지 걱정된다. 10년 후 어떻게 변해갈 것인지 그 씨앗은 지금 잘 심어야 한다. 인도에서 가전산업의 전반적인 위상을 올릴 필요가 있다.

정부의 고위 관료가 해외를 방문하면 주재국 한국 기업에게 상품 전시회 참가를 권유하는 경우가 많았다. 대부분의 기업들은 참가를 주저한다. 생산성이 낮기 때문이다. 이런 경제적인 이유를 떠나 이제 우리도 대통령이나 국무총리 등이 상품을 파는 대신 문화를 파는 단계에 왔다고 생각한다. 문화를 판다는 것은 문화적인 활동을 통해 우리나라의 이미지를 높이는 일을 해야 한다는 것이다. 단순히 우리 문화를 소개해야 한다는 뜻이 아니다. 방문국의 문화에 크게 관심을 보이는 것이야 말로 우리 이미지를 높이는 길이다.

미국 대통령이 인도를 방문했을 때 인도 북쪽에 있는 라자스탄 주의 자이푸르(Jaipur) 인근 농촌을 찾아 우유 짜는 촌부(村婦)들과 함께 찍은 사진을 인도 신문에서 본 적이 있다. 그때 왜 우리는 저렇게 못하는지 아쉬웠다. 이렇게 하는 게 상품전시회보다 훨씬 더 기업을 도와주는 일임을 왜 모르는지 안타까웠다.

기업이 해외에서 마케팅을 할 때 극복하기 힘든 것이 바로 우리 국가 이미지이다. 아무리 품질이 우수하고 광고를 잘 해도 우리가 가지고 있는 숙명적인 국가 이미지는 벗어날 수가 없다. 국가 이미지 개선을 위해서는 온 국민의 문화적인 수준이 올라가야 한다. 대통령이나 국무총리 등 국가를 대표하는 분들의 해외 방문은 국가 이미지를 올리는, 그리고 문화 수준을 보여주는 격조 있는 방문이 되어야 한다. 우리가 실리 외교로 여기까지 왔고 잘했다고 본다. 그러나 이제는 문화 외교로 우리의 격을 높여야 한다. 다시 한 번 강조하면 우리 문화의 소개보다 상대방 문화에 관심을 표명하는 일이 더 중요하다. 영국 여왕이 안동의 전통 마을을 방문한 것을 보고 많은 것을 느꼈으면 좋겠다. 기업이나 실무자급 관리는 실리를 추구하되 정부 고위직은 품위 있는 문화 외교로 우리 이미지를 높이기를 기대한다.

이제 이 책에서 이야기한 것을 정리할 때가 되었다. 결론은 아래 표에서 나타난 왼쪽의 목표와 오른쪽의 가치를 누가 잘 융합해서 조화롭게 운영하느냐가 성공의 길이라는 것이다.

| 기업 경영의 목표 | 기업 경영의 가치 |
| --- | --- |
| 철저한 시스템 경영(System Management) | 믿고 맡기는 경영(Empowerment) |
| 책임과 결과 위주의 경영(Performance) | 과정(Process)에서의 자유 |
| 숫자 경영(Number Management) | 융통성(Flexibility) |
| 기강(Discipline) | 관용(Tolerance)과 용서(Forgiving) |
| 튼튼한 팀워크(Teamwork) | 건전한 개인주의(Individualistic) |
| 이기는 경영(Winning) | 질 줄 아는 경영(Humble Management) |
| 이익 위주(Profit Driven) | 최선의 복리후생(Welfare Driven Company) |
| 꾸준한 성장(Steady Growth) | 끊임없는 변화(Continuous Change) |
| 단호함(Firmness) | 유연성(Flexibility) |
| 세계화(Globalization) | 현지화(Localization) |

인간의 중요한 부분인 머리와 가슴의 조화다. 지능(IQ)과 감성 (EQ)의 조화라고 할 수 있겠다. 단호하지만 유연한 조직이 성공한다. 최고의 선은 물과 같이 항상 밑으로 흐르고 바위를 만나면 돌아가고 파인 곳은 채우면서 끊임없이 흘러가는 것이라는 상선약수(上善若水) 가 경영의 비결이라고 믿고 있다.

이 세상의 모든 것이 자기 것이 아니라는 생이불유(生而不有)의 마음을 가질 때 지나친 욕심에서 벗어 날 수 있다. 기업의 목적이 직원의 행복이라는 겸손한 마음도 가질 수 있다. 소박하고 겸손한 마음 속에 복이 온다.